French in Style

フランスマダムから学んだ
最上級の女になる秘訣

畑中由利江
エコール ド プロトコール モナコ代表

CCCメディアハウス

プロローグ

本当に美しいものは時代も年齢も超越する

「あのピンヒールのマダム、本当に70代？」

ヨーロッパの高級リゾート地モナコ公国に住んでから20年以上が経とうとしています。モナコで開かれるパーティーやイベントに出かけると、男性も女性もエレガントに装い、それはそれは華やかな世界が広がっています。

なかでも目を見張るのは、年齢を重ねたマダムたちの圧倒的な魅力です。みなさんファッショナブルで、美しく自分のスタイルを表現しています。

黒や紺、グレーなどのダークカラーを着ている地味なマダムはひとりもいません。モナコの輝ける太陽とエメラルドグリーンの海に映える、色鮮やかなファッションを好み、帽子や手袋、アクセサリーなどの小物づかいも上級者です。

あるパーティーで、ピンヒールを履いたスタイル抜群のマダムがいました。ひときわ目をひくオーラを放っていて、私はその魅力に惹かれて声をかけました。彼女が70代だと知ったのは、そのときです。どう見ても50代にしか思えず、にわかに信じがたく、一緒に参加していた夫に「本当に70代なの？」と確認してしまったほどです。

こうした驚きは、ここモナコではよくあることです。


日本の女性の平均寿命は87歳と世界一であることはよく知られていますが、第2位はどの国かご存知ですか？　じつはモナコなのです。モナコの女性の平均寿命は86歳。日本と1歳しか変わりません。

同じ長寿国でも、日本とモナコでは少し様子が違います。

健康で長生きするだけでなく、女性は女として、「性」を忘れずに生きています。男性もそうです。

いくつになっても異性を意識して過ごし、人生をとことん楽しんでいるのが、モナコの男女なのです。

「足が痛くなるからヒールは履かない」

「シミが目立つから露出度の高い服は着ない」

そんなことを言っているマダムと出会ったことがありません。

また、まわりの家族や友人が、

「もう歳なんだから」「いい歳して」

と、年寄りであることを認識させるような会話も聞いたことがありません。

アクティブシニアが増えている日本でも、ここまで年齢を超越した環境には成熟していないのではないでしょうか。


女性は30代後半を過ぎ、40代に入ると、自分の歳の重ね方について考えます。私自身、20代はあまり考えたこともありませんでしたが、年齢が肌や体力に出てきたのを自覚するようになった頃から、どうすれば歳をとっても素敵な女性でいられるだろうかと、真剣に考えるようになりました。


世界的に有名なフランス女優のソフィ・マルソー、イザベル・アジャーニ、イネス・ド・ラ・フレサンジュ。少し前の世代では、ブリジット・バルドー、カトリーヌ・ドヌーヴ。彼女たちは年齢を重ねるとともに、女性としての魅力、セクシー度が増しています。

フランス女性たちが歳を重ねても素敵なのは、なにも著名人ばかりではありません。私の周囲のマダムたちも同じです。

彼女たちはみな、若々しく、恋愛やおしゃれを楽しんでいます。「人生の上級者」とは、彼女たちのことをいうのではないかと、素敵なマダムに出会うたびに確信を強めています。

この本では、私がモナコやフランスで出会ってきたフランス女性のなかから、自分自身が大きく影響を受けてきた友人たちの生き方を紹介したいと思います。

彼女たちのライフスタイル、ファッション、人生哲学には、歳を重ねることが楽しくなるヒントがたくさん詰まっています。

日本の世界しか知らなかった頃は、歳をとることがとても不安でした。体や脳が衰え、背中が丸まり、家のなかで過ごすことが多くなるような生活が待っていると思っていたからです。

でも、モナコやフランスで出会ったマダムたちのおかげで、年齢を積み重ねていくことを心から楽しめるようになりました。

彼女たちは年齢をネガティブにとらえていません。むしろ、築き上げてきた自分の人生を謳歌し、歳を重ねていくことをクリエイティブな自己表現ととらえ、楽しんでいるように見えます。

そんな人生の上級者たちの姿を見ていると、女性の年齢はダイヤモンドのカラットのようなものだと感じます。

一般的にダイヤモンドはカラット数が大きいほど希少価値が高く、高価になるといわれています。女性もダイヤモンドと同じ。年齢とともにカラット数が大きくなり、輝きを増していくのです。

ダイヤモンドの美しさは永遠です。時代を超越して美を感じることができます。本当に美しいもの、本物といわれるものは、どんなに昔のものでも古びません。女性の生き方も同じではないでしょうか。美しく素敵だと思える女性は、年齢を超越しています。

本書は、そんなダイヤモンドの輝きを持ったタイムレスなフランス女性たちの言葉をたくさんちりばめています。

年齢や既存の価値観などにとらわれず、オリジナルの生き方を築き上げている彼女たちの発する言葉から、私自身、女性としての人生を学んできました。

「歳を重ねることは怖くない」

彼女たちから人生の秘訣を学んだ私は、はっきりそう言えるようになりました。年齢というものに縛られなくなると、まったく違う世界が広がっています。自由であり、勇気と自信がわいてきて、生きていることを祝福したい気持ちに満たされます。そしてなにより、そのひと本来の魅力が最大限に開花します。

日本の大人の女性たちがみな、ダイヤモンドのように輝けることを願って、この本をお贈りしたいと思います。

Part 1 Fashion & Style
セクシーに、エレガントに魅せる

Part 2 Body & Soul
強く、情熱的に生きる

Part 3 Love & Life
本能のままに愛せよ

Part 1

Fashion & Style

セクシーに、
エレガントに魅せる

Story 1

「女は赤よ。赤い口紅を塗らないと、ジョンが浮気するわ」

ジョゼット　90歳

Le rouge, c'est très important pour les femmes !
Si tu ne veux pas qu'il se trompe,
n'oublie jamais de mettre du rouge sur tes lèvres.

「男と女は並んで生きる」がフランス流

20代後半にジョゼットから言われたこの言葉は、年齢的にも、経験的にも未熟だった私には、まったく意味がわかりませんでした。

当時の私は、「赤」という色に対して、夜のお仕事をしている女性のイメージが強く、あまりいい印象を持っていなかったのです。

でも、歳を重ね、ようやく「赤」という色の魅力がわかってきたように思います。

赤は、大人の成熟を表す色であり、女性の魅力を存分に引き立ててくれる色。いまではそう認識しています。

苦手だった赤がいちばん好きな色になり、身につけていると、

「赤がお似合いですね」

と言っていただけるようにもなりました。

赤という色の魅力を知ることとは、女性として生きることの素晴らしさを知ること。そう教えてくれたのが、ジョゼットでした。

彼女は私の夫ジョンの母です。私にとって彼女は、女性としての人生を豊かにする極意を惜しみなく教えてくれる人生の大先輩。そして、「ユリエは私の親友でもあるのよ」とたびたび言ってくれるように、かけがえのない親友です。

初めて出会ったときの、鮮烈な印象はいまでもはっきりと憶えています。

25歳のときでした。

私は大学卒業後、世界標準といわれるプロトコールマナーを習得しにスイスのフィニッシングスクールに留学したのち、パリの「ル・コルドン・ブルー」でフランス料理の技術を学んでいました。

バカンスで訪れたモナコでジョンと恋に落ち、交際が始まったばかりの頃のことです。

彼はモータースポーツが大好き。最初は愛車のハーレー・ダビッドソンのうしろに乗せてもらい、あちこち連れていってもらっていたのですが、あるときこう言われました。

「日本という国は、女性は男性から一歩二歩下がっていないといけない国かもしれないけれど、ヨーロッパは違う。特にフランスは男女が横に並んで生きるのが当たり前の国。お互いを尊重し、性別に上下はない。だから、ユリエも僕の横に並ぶべきだよ。横に並んで同じ視点で世の中を見よう」

私に結婚を決断させた言葉でした。

赤は女をゴージャスでセクシーに魅せる

日本も男女平等が進んでいるとはいえ、出産を機に会社を辞めざるを得ない女性は多く、まだまだ男女の役割分担意識は根強いのではないでしょうか。私自身、そうした日本的な価値観のなかで育ちましたから、「横に並んで走ろう」というジョンの言葉は新鮮で、とても魅力的に響きました。

もともと好奇心が強く、新しく何かを始めるのが大好きな私。彼の勧めで大型バイクの免許をパリで取得すると、早速ジョンからツーリングに誘われました。

夏にさしかかる爽やかな季節で、ツーリングには絶好のシーズン。パリからモナコまで走ることを決め、出発前にパリに住むジョンのお母さんのアパルトモンに立ち寄ることにしました。

パリ16区の中心に建つ凱旋門からは放射状に8本の通りが伸びており、ジョゼットのアパルトモンは、セーヌ川寄りのアベニュー・クレーベル（Av. Kleber）にありました。

「あれがうちだよ」

そう指さされた建物は、歴史を感じさせる重厚な石造りで、フランスにまだ慣れていなかった私は、大感激。

驚いたのは建物ばかりではありません。

アパルトモンの1階のエントランスで待っていてくれたジョゼットを初めて目にしたとき、その圧倒的な存在感にふたたび驚きました。

すでに70歳を過ぎていたのですが、鮮やかなオレンジレッドに髪を染めていて、キャミソールのようなトップスにスリットの入ったロングスカート、そしてハイヒールを履き、ターコイズブルーの大きなネックレス。なにより、真っ赤なルージュがひときわ目を引きました。

赤い髪に赤い口紅。これからどこかのパーティーにでも出かけるかのようなゴージャスな装いはとってもセクシーで、私が知る70歳の女性とはまったく違いました。

フランス語で〝おばあちゃん〟のことをグロンメールとかマミ（grand-mére/mémé）と言いますが、ジョゼットには、そんな一般呼称にそぐわない雰囲気があります。

ひと目見た瞬間、

「この人は自分が女であることを楽しんでいるんだわ。女として魅せること、女性として生きることの本質を知っているのに違いない」

そう直感しました。

とはいえ、「こんなお義母さん見たことない！」と驚いていた私は、ジョゼットが「まあ素敵なひとね」と近づいてきたとき、思わずうしろに引いてしまったのです。

胸のあいた艶のあるシルクのキャミソールを着こなす、セクシーな70代の女性が日本にいるでしょうか。

女優など特殊な世界の人ならわかりますが、一般的な日本女性では希有な存在です。私のなかの「お義母さん」のイメージを覆す、女のオーラをふりまいているジョゼットに圧倒的なものを感じ、ひるんでしまったのでした。

彼女は固まっている私のことなどおかまいなしに、息子のガールフレンドが来てくれたと大歓迎してくれて、ハグ&キスの嵐。そして、お家に招き入れてもらいました。

インテリアや部屋着も「美」にこだわる

天井が高く、暖炉のあるその部屋は、骨董商を営む義父の趣味でオリエンタルな置物や掛け軸、屏風があり、それらが映えるようにライティングがされています。

「骨董品は生きているものだから、光を当てることによって生き返るのよ」

ジョゼットが教えてくれます。

つい電気代が気になってしまいますが、彼女たちの感覚では、お金の問題よりも美しいかどうかのほうが重要なのです。とにかく、フランス女性は「美」にこだわり、ファッションやお化粧だけでなく、インテリアに至るまで「魅せる」のです。

そういう美的感覚の延長だと思うのですが、外気温がマイナス何度という真冬のパリでも、室内は薄いシルクのネグリジェのようなもの1枚で過ごせるぐらいに暖めています。ガウンを羽織っているときでも、胸元は大きくあけている。足もとも室内スリッパではなく、必ずヒールのあるものを履いていて、ソファにゆったりと腰掛けている姿などは、年齢を超越して艶があります。

ジョゼットに限らず、フランス女性は真冬でも室内でゴテゴテと厚着するのを好みません。薄手のセーターやトップス一枚で過ごせるように室温を保ち、誰に見られるわけでなくても野暮ったくならないようにしています。

電気や暖房ひとつに、美意識や価値観があらわれているのです。

日本は節約や忍耐を重んじる国です。室内が寒くても、ノースリーブでいられるくらいの暖房を入れるなんてもったいない。それなら重ね着をして我慢するというのが日本人。

フランス人とはまったく価値観が違います。

ジョゼットのように、つねに美しく生活を送っているフランス女性は、生活スタイルが日本人とまったく異なるのです。

そうした価値観をすべて取り入れる必要はありませんが、「美しくあること」にこだわる姿勢は私たちも意識したいものです。

ボディを最大限美しく魅せる装いとは

「女性はやっぱりスカートよ」

ジョゼットはよく私にこう言います。彼女が若かった頃は、まだシャネルがパンタロンスーツをつくる前の時代ですから、年代の違いもあるのでしょう。

「女性が美しく見えるのはスカート。パンタロンなんて絶対履いてはダメよ」という意識が強いのです。

しかも、ジョゼットが身につけるスカートは必ずスリットが入っています。膝上10センチくらいの深いスリットが入ったスカートで、椅子に座ると太ももが大胆にのぞきます。見えるというより、魅せていると表現したほうがふさわしい座り方をするので驚きますが、本人にしてみれば、「女なのだから」という当然の意識があるようです。

「女性の体は丸みを帯びているのが美しい証拠。だからパンティストッキングなどで締めつけてはダメ。つねに解放してあげないと」

これもジョゼットの口癖。実際、彼女はストッキングを履かず、レースのついたガーターを好みます。座るとスリットからガーターのレースがのぞき、なんともエロティックなのですが、ジョゼットは「それが女性らしさ」だと言います。

いくつになっても、女であることを片時も忘れない。それが、フランス女性の哲学であり、美意識なのです。

赤いルージュから始める大人レッスン

私は普段、自分が女性であることをそこまで意識していませんでしたが、ジョゼットという義母をもち、女として魅せることへの情熱を学びました。

特に、冒頭の「女は赤よ。赤い口紅を塗らないと、ジョンが浮気するわ」という言葉は、自分が女であることの意味を改めて意識し直したひと言でした。

ある朝、近所のパン屋さんにバゲットを買いに行こうとしたときのこと。

「ユリエ、そんな口紅もつけずにノーメイクで出かけるなんて、女として失格よ。それではジョンに浮気されても仕方がないわよ」

そう呼び止められました。そのときはグロスだけ薄く塗っていたので、

「お義母さん、私、口紅つけているわよ」と言ったのですが、

「そんな、塗っているか塗っていないのかわからないようなのはダメ。女は赤よ。赤い口紅でなければ化粧とはいえないわ」

ピシャリ、たしなめられてしまいました。

それまでも、ジョゼットの身につけるものから「赤」がキーカラーになっているのは感じていました。髪の色も赤に染めていますし、口紅はカネボウの「ギンザルージュ」（現在は廃盤）という真紅がお気に入り。ジョゼットは夫が骨董商のため、日本文化にも親しみが深く、何度か来日もしています。どうやら、そこで見た「日本の赤」が彼女の心をとらえたようです。

日本の赤というのは、日の丸に象徴されるような目の覚める鮮やかな赤のことだそうで、「フランスにはあの色はない」とため息交じりに言うのです。

「日本に行ったら買ってきてちょうだい」と頼まれるのですが、ギンザルージュは外国人

好みにつくった口紅なのでしょう。日本では販売していません。

ジョゼットの言葉は、聞き方によっては押しつけがましく感じるかもしれません。「女なのだから、スカートを履きなさい。赤い口紅をつけなさい。そうじゃないと夫に浮気されるわよ」なのですから。

私自身、最初は「お義母さんの時代とは違うのよ」と思ってしまい、すぐには受け入れられませんでした。でも、「赤がいいから赤を身につけなさい」と勧められ、それまで取り入れることのなかった赤という色を受け入れてみようと思いました。

手始めに、「口紅は赤」というジョゼットにならい、普段は選ばない赤いルージュを引いて出かけたところ、

「マダム、素敵ですね」とあちこちで声をかけられます。いつもと同じ髪型に、何気ない普段着だったのに、です。「赤」のマジックですね、きっと。

その頃、私は20代半ばで、日本人はどうしても幼く見られがちなこともあり、「マダム」と呼ばれることはほとんどありませんでした。「マドモアゼル」と呼びかけられるのですが、それは「お嬢さん」という感じで、自分が大人として認められていない証拠です。

日本では、若さがもてはやされがちですが、フランスは真逆。女性たちはみな、早く「マダム」と呼ばれたい、大人の女性として敬意を払われる存在になりたいと思っています。

ですから、まだ20代半ばで「ボンジュール、マダム」と声をかけられるようになったのは、赤い口紅がマダム、つまり「成熟した大人の女性」にしてくれたといえるかもしれません。

それまで、「マドモアゼル」と呼ばれると、アジア人だし、どこか軽んじられているような気持ちが拭えなかったのですが、「マダム」と言ってもらえるようになって、初めてフランスという国に受け入れてもらえた気がしたのです。

フランスには、パートナーはいてもあえて結婚という選択を選ばない人たちもたくさんいます。結婚しているかどうかは人としての価値を決めるものではなく、どこまでもその人自身の存在がどうかで評価する国なのです。こうした価値観の国で、「マダム」と敬意を払ってもらえることは、国籍や立場などに関係なく、私自身を評価してもらえているのだと感じました。

「カワイイ」からの卒業が女を成熟させる

モナコには、「ホテル・ド・パリ」という格式の高いホテルがあります。主人と一緒のときは必ずドアマンが車のドアを開けて、丁重に扱ってもらえるのですが、私をマダムにしてくれた赤の魅力をまだ知らなかった頃は、ひとりで行くと、軽くあしらわれるだけでした。

それが、ジョゼットの勧めに素直にしたがって赤い口紅をしたことがきっかけで、意識して赤を自分自身に取り入れるようになり、周囲の反応が確実に変わったのを実感しています。

私は国際標準のマナーであるプロトコールを日本人女性に学んでもらいたいと、「エコール　ド　プロトコール　モナコ」というスクールを主宰しているのですが、そのスクールのイメージカラーを赤にしたのも、義母のおかげです。

最近では、出かける前にジョゼットにファッションチェックをしてもらっています。彼女は非常にはっきりした性格で、ストレートにものを言う人なので、「今日の服、どうかしら？」と聞くと、「あなたのセンスは最高ね」とか「その格好なら、ヨーロッパのどこへ行ってもあなたがいちばんよ」などと思いっきり褒めてくれます。

でも、ときにダメ出しをされることも。「そんな小娘が着るようなワンピースは恥ずかしいからやめなさい」とバッサリ却下されたこともあります。

日本では清楚で可愛らしい印象のものが受け入れられやすいのですが、フランスでは「もっと大人の女の服を着なさい」と言われてしまいます。

あるとき、私が「最近、体型が変わってきて、若いときに着ていた服が似合わなくなった」と嘆いたら、義母が信じられないという表情で、「なにを言っているの」と強い口調で私にこう返しました。

「若いときの服が着られなくなるなんて当たり前じゃない。年齢を重ねれば、体型が変わるのは当たり前でしょう？　いつまでもそんな30代の服を着ないでちょうだい。ユリエのいまの年齢に合った服を着なければ素敵じゃないわよ。40代だったら40代らしい、大人のファッションを楽しみなさい」

ハッとしました。たしかにジョゼットの言うとおりです。いつまでも若いときの格好でいたり、20代の女の子の間で流行しているからといって、それをそのまま取り入れたところで、大人の魅力は出せません。むしろ、他人から見たら見苦しく映るのではないでしょうか。

ジョゼットが伝えたかったのは、

「カワイイものは卒業しなさい」

「早く、成熟した大人になりなさい」

ということだったのだと思います。私はすぐさま、20代、30代に着ていた服を処分しました。そして、

「もう若さや可愛らしさを求めるのはやめて、大人の女性としての魅力を磨いていこう」

と心に決めたのです。

たとえば、シャネル。シャネルの服が似合うのは、20代よりも40、50代の大人の女性。エルメスやクリスチャン・ディオール、バレンチノ……。高級ブランドではありますが、世界のトップブランドを着こなせるようになるには、それなりの経験や知性、人生の積み重ねが必要です。

20代と40代では、行く場所も、生活のスタイルも大きく変わってきているはずです。その自覚がなく、20代の子たちと同じようなファッションに身を包んでいるのは、やはり違和感があります。

私はジョゼットから、「大人の女は赤よ」と教わりましたが、日本人女性に私が伝えたいのは、「カワイイ＝素敵」ではないということです。

日本では、若くてカワイイ女性を好む男性が多いので、女性はどうしてもそうならざるを得ないというのもよくわかります。でも、世界に目を向ければ、若さや可愛らしさに価値を置く日本の基準がいかに特殊かがわかります。

むしろ、大人としての知性やふるまい、エレガントなファッション……。そういったものに魅力や価値を見出すのが国際標準です。

みなさんには、大人の女の色、「赤」が似合う女性になって、女性であることの本質を見出していっていただきたいと思います。

赤は、大人にならないと立ち入れない色。あなたの魅力が試される色でもあるのです。

Story 2

「ひとつ歳をとったら、ひとつ露出を増やしなさい」

アーレット　73歳

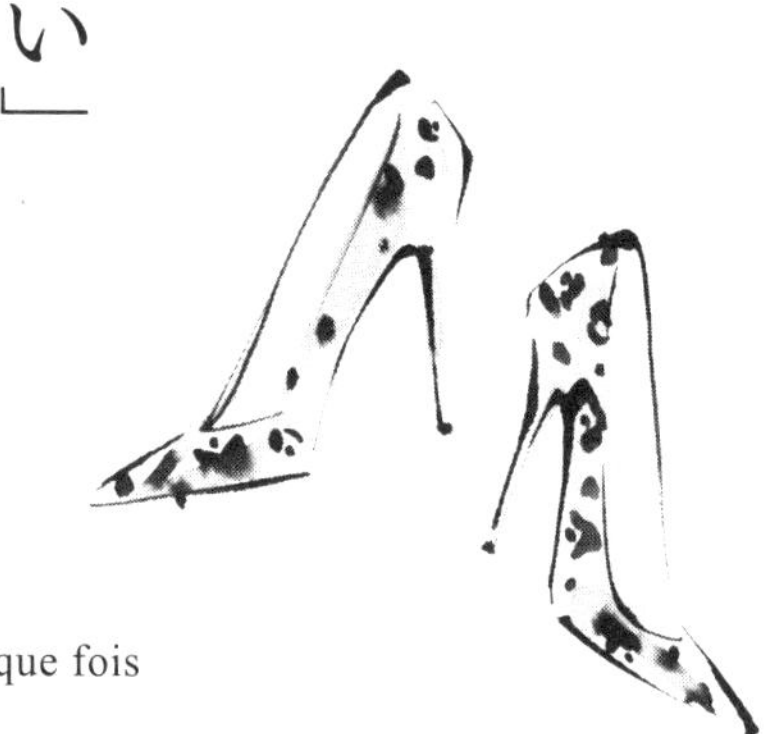

Dénudez-vous un peu plus à chaque fois
que vous prenez un an !

「きれい」より「美しい」をめざす

きれいな女性は、世界中にたくさんいます。でも、彼女たちのマネをしても、絶対にそのひとにはなれませんし、どんなに近づくことができても、本来の自分の魅力ではありません。

それは、だれかのマネであり、そこに「自分らしさ」はないからです。

「きれい」と「美しい」。

似た言葉ですが、ニュアンスが少し違います。『大辞林』によると次のように示されています。

きれいとは、「姿、顔かたちが整っていて美しいさま」

美しいとは、「人の心や態度が好ましく理想的であるさま」

つまり、「きれい」は外見的な容姿に対しての賛辞であるのに対し、「美しい」は、そうした視覚的な姿だけでなく、心が動かされる内面的な要素に用いられることが多いようです。

私がみなさんにお伝えしたいのは、女性として「きれい」を磨くことはもちろん大切なのですが、それ以上に、自分という個性（オリジナリティ）を知り、だれのマネでもない自分らしさを魅力として最大限に発揮すること、つまり「美しさ」を手に入れましょう、ということです。

私にとってアーレットは、自分を熟知し、魅せ方をよく知っている女性のお手本のようなひとです。どんな場所へ出かけても、周囲から一目置かれる彼女の存在感（個性）、人間的な魅力にみな惹きつけられています。

彼女に誘われてパーティーに出かけることがしばしばあります。毎年9月に開催されるモナコヨットショーのパーティーへ行ったときのことです。

世界一の規模のヨットショーで、モナコ公国にとってはF1グランプリの次に重要なイベントです。その最終日のVIPカクテルパーティーに出かけました。

彼女のスタイルは、スポーティエレガント。ベルサーチの真っ黒な革のジャケットとパンツを着こなし、10センチ以上のピンヒールを履いています。革のパンツにはゴールドの刺繍がくるぶしから太ももまであしらわれ、ジャケットのジッパーは胸元まで大胆に開いています。まるで『ルパン三世』のヒロイン、峰不二子のような装いです。

こんなアニメーションに出てくるようなひとが、実際に存在することにも驚きましたが、それ以上に、彼女の年齢が70代半ばであることを知ったときの驚愕といったら！

たとえば、若いグラビアアイドルが峰不二子ファッションを決めるならまだしも、「おばあちゃん」と言われておかしくない年齢の女性がビシッとカッコよく着こなしていたからです。

私の祖母は晩年、車いす生活を送り、73歳で亡くなりました。70代の女性というと、そのイメージが強かったのですが、世界を見渡せば、アーレットのように年齢を超越して自分のスタイルを貫いている女性が存在するのです。

あまりの違いに衝撃を受けるとともに、こんな歳の重ね方をしていきたいという目標を得ることができました。

ひとと違うことを怖れない

祖母とアーレット。対照的なふたりの生き方から、

「年齢は環境がつくりだすもの」

いまはそう感じています。

特に日本の場合は、「もう××歳なんだから」「年甲斐もなく」などと、年齢を否定的にとらえることが多いのではないでしょうか。

たとえば、私が10代の頃、「女性は25歳過ぎてもお嫁にいってなかったら売れ残りよ」とよく聞かされていました。

また、「女性は賢すぎるとお嫁にいきづらくなるから、20歳で卒業する短大がちょうどいいわよ」と言われたこともあります。

「もういい歳なんだから、ミニスカートなんかはくのは見苦しい」とか、「そんな歳から始めるなんて、遅すぎるわよ」など、根拠のないことを耳にすることもあります。

そうした言葉に私はどうしても違和感が拭えません。

本人がそうしたいと考え、周囲に迷惑をかけなければ、何歳でミニをはこうが、何を始めようが自由なはず。むしろ、いくつになってもミニスカートをはけるような体型を保とうと努力すること、新しいことにチャレンジしようと思うことは、とても大切なことです。実践している人をリスペクトしたいとも思います。

しかし、日本では偏見に満ちた否定的な言葉を投げられ、意欲を失わせているケースが多い気がしてなりません。

「年齢は環境によるもの」と感じるのは、このためです。

フランスはとても自由な環境です。この国では周囲の目を気にするようなことは、ほとんどありません。ひとを「年齢」という色眼鏡で見ることもありません。他人がどう思うかではなく、自分がどうしたいかが重要で、その意思をだれもが尊重します。

中学1年生の息子の教科書にこんなことが書かれていました。

「ひとと違っていて当たり前であり、ひとと違うことはすばらしいことである」

ヨーロッパに住み始めて20年以上が経ちますが、日本に住んでいた頃は日本中心の考え方だったので、ひとと同じことをするのが当たり前で、またそうするべきだと思ってきました。

学校でもひとと違うことをしてはいけないと教わってきました。「出る杭は打たれる」ということわざがあるように、ひとりだけ違うことをするひとは、周囲から非難され、制裁を受けるという教えがこれまでの日本の教育です。

私は日本の教育を受けて育ってきたので、ヨーロッパに来た当初は日本の常識とかけ離れたことが多すぎて、戸惑いの連続でした。

こうした経験を通じてわかったことは、
「ひとと違うことはそのひとの個性であり、個性はそのひとの魅力である」
ということ。

世界中に流行はあります。とくにファッションの世界は、毎年トレンドが大きく変わっていきます。年に2回、通称「パリコレ」と呼ばれるパリのファッション・ウィークに参加していますが、じつに華やかな世界。デザイナーが作品を発表し、時代の傾向やテーマをもとにジャーナリストたちが各国に紹介していきます。

日本にもいち早くパリコレの情報は届いていますが、はたしてそれはバランスのとれた内容でしょうか。

一部のファッションだけが取り上げられ、「海外ではこれが流行り！」と偏った紹介のされ方になりがちなのではないでしょうか。

それも雑誌で紹介された、同色、同スタイルのものだけが売れるとか。それ以外の色や形はほとんど注目されないと聞きます。

これは日本人独特の志向で、流行を手に入れるという冒険はするものの、ひとと違ったものではなく、同じものを持つ安心感のほうが勝るのでしょう。

高額商品を持ちたがるのも、日本的見栄の張り方なのではないでしょうか。

ファッションに人生観が表れる

ヨーロッパのひとたちは、流行は意識するものの、そのまま取り入れることはしません。本来の自分のスタイルに、その時々の流行を取り入れるのがヨーロッパ的なおしゃれです。

たとえばこの夏、マリンスタイルが流行していたとしても、全身マリンスタイルで決めるようなことはせず、普段の自分のスタイルにワンポイントだけボーダーやマリンブルーなど流行を感じさせるものをアクセント的に加えています。

また、ヨーロッパにはさまざまな人種のひとたちが生活しています。ということは、肌や目や髪の色、身長、体型はまったく異なります。だからこそ、マリンスタイルが流行しているといわれても、着こなし方やアレンジの仕方が違ってきて当たり前なのです。

〝当たり前〟と簡単に言葉にしていますが、私も最初はまったく理解のできなかったことです。ヨーロッパに長く住み、たくさんの経験をしてきたからこそ、ヨーロッパ流トレンドの取り入れ方を身につけられるようになったのです。

アーレットの革のスタイルは、ベルサーチでした。残念ながらベルサーチは数年前に日本から撤退してしまったイタリアンブランドですが、ヨーロッパでは現在も絶大な人気を誇っています。

カッコいい革の上下にピンヒールを合わせ、金髪のロングヘアーはエレガントなシニヨンにまとめている。この絶妙なバランスが、彼女の個性といえるのでしょう。

パーティー会場で、とにかく彼女は人目を引きます。その圧倒的な魅力に、男性はみな振り返ります。ある男性が彼女に「××映画に出演されていた、女優さんですよね？」と本気で聞いているのに、心が躍りました。

70代半ばでスレンダーなスタイルを着こなしているアーレットは、いつも姿勢がきれいです。

私のまわりの年齢を重ねた素敵なマダムたちに共通しているのは、みなさんつねに背筋がピンと伸びているということ。そして、決してうつむかず、どんなときも顔をキリリと上げています。それは普段からであって、立っていても座っていても変わりません。

その、凛とした背筋は、彼女たちの生き方そのものです。だれのマネでもなく、自らの意思で人生を創造してきた自負がそこにあらわれています。

また、自分の魅せ方をわかっているひとは、背筋が伸びているはずです。年齢を重ねたひとが、そのときだけ美しい姿勢を保とうと思っても、体力的に無理でしょう。日頃の生活や習慣がちょっとしたところに現れ、それがひとによっては「若々しさ」や「美しい所作」に見え、逆に、「老い」や「野暮ったさ」を感じさせるのです。

アーレットは若い頃、相当の美人だったに違いありません。いまでもその美貌が昔を彷彿とさせます。単に「きれいなひと」というより、「美しいひと」と表現したほうがふさわしい、人生経験豊富な人間的に尊敬できる女性です。

年齢を隠すのはナンセンス

そんな彼女から教わった、いちばん大切なこと。

それは「年齢を重ねてしわやシミが増えたからといって、それを隠すのはナンセンス」だということ。

私たちはつい、年齢を感じさせるしわやシミを隠そうと、スカーフで覆ったり、首が詰まるようにボタンをかけたりしてしまいがちです。でも、アーレットは言います。

「ひとつ歳をとったら、ひとつ露出を増やしなさい」

と。

「歳とともに隠すのではなく、出したほうが女性として輝くのよ」

当たり前でしょ？　と言わんばかりの勢いで。

ジャケットのジッパーを大胆に開けて胸元を見せたり、肩や腕もショールで覆うのではなく、セクシーに魅せるのです。そんなファッションを好んでいるのは、「年齢を隠すのはナンセンス」という彼女の哲学が現れていたのです。


彼女は古いものより新しいものを好むタイプで、新築した家は最新設備の整ったモダンスタイル。ベッドルームはヒョウ柄の壁で、ヘッドボードにはメデューサのような蛇が飛び出ています。安眠とはかけはなれたイメージで、モダンでカッコよく、エロティックな印象。高齢になると心身ともに弱くなる人が多く、寝室は安らぎを得られるようなインテリアや色が好まれるなか、アーレットの寝室はむしろ強さやパワフルさを感じる、生命力溢れる空間でした。

「歳をとったからといって、おとなしくする必要はない。周囲の目など気にせずにしたいことを自由にすればいいし、自分の個性を表現できるファッションやインテリアをチョイスすればいいのよ」

そんなメッセージを、アーレットらしい独創的な寝室から受け取りました。

年齢を隠すテクニックより、年齢を堂々と魅せられる歳の重ね方を彼女に学びながら追求していきたいと思っています。

Story 3

「白と黒は お葬式のときだけで結構！」

イリナ　50歳

Ne portez pas le noir et le blanc
qu'à l'occasion des funérailles !

出会いのチャンスは自分からつかみにいく

だれしも期待以上のことに出会うと、興味をひかれます。

イリナはまさに私の想像を上回るギャップを持ち合わせた女性でした。

ある真夏の夜、モナコのイタリアンレストランのオープニングパーティーへ招待された晩のこと。私は主人と数人の友人とおしゃれをして会場へ向かいました。

着いてみると、会場はあふれんばかりのひとだかり。大きなテラスにはＤＪがダンサブルな曲をかけ、シャンパンやワインを片手に会話が弾んでいます。

「Ciao!」

「Ciao!」

陽気なイタリア語の挨拶があちこちから聞こえてきます。

ヨーロッパ流のオープニングパーティーでは、オーナーや主宰者からのスピーチがあるわけではなく、ひとがひとを呼び、おしゃべりしながら雰囲気を楽しみます。

通常はバーコーナーにシャンパン、ワイン、カクテル、フルーツジュース、ウォーターがフリードリンクとして用意されます。

そしてスタッフやモデルたちが、カナッペのようなフィンガーフードを持ってサービスしてくれます。わざわざ美しいモデルを用意するところは、魅せ方にこだわっているヨーロッパ的な発想ではないでしょうか。

ひとりの女性が目にとまりました。

私よりも少し若いかしら、という印象で、ヘアースタイルは1920年代頃の細かくカールをしたショーガールのようなイメージ。大きな瞳に真っ赤な口紅、薄いピンクのミニ丈のワンピースはレザー素材です。

「真夏にレザー？」と不思議に思うかもしれませんが、湿度の低いヨーロッパでは、薄いスウェードやレザー素材を夏にも着ることがあります。おしゃれに敏感なヨーロッパの人たちは、サマーレザーやサマーファーでファッションをアピールするのです。

彼女こそが、この物語の主人公、イリナです。

小柄な彼女は、モデルさんではないと思いました。じゃあ何をしている人？　ファッション業界？　メディア？　アーティスト？　そんなことをイメージしながら、こんなふうに本人に声をかけてみました。

「最高に素敵なヘアースタイル。とっても似合ってらっしゃるわ！」

初対面の相手とのファーストアプローチは、素敵だと思った部分を褒めると会話が弾みやすくなります。

よく見ると、ひとつひとつのカールはピンで止めてあります。プロのテクニックと思い、「どちらのアーティストの作品ですか？」とたずねると、「自分でやったのよ」と言うので驚きました。

細かいところまで行き届いたファッションスタイルに、なんてハイセンスな女性なのかしらと感心し、おしゃれについてトークが弾みました。

名刺交換から始める会話なんて！

ヨーロッパではパーティーや食事会の席は、カップルで出席するのが基本です。特に夜の外出はパートナーと出かけます。ヨーロッパはカップル文化であり、それが常識なのです。

たとえシングルの女性でも、男性の友人にお願いをしてエスコートをしてもらいます。

イリナもこの日はボーイフレンドにエスコートされて参加していました。

彼女の第一印象は「猫」。知的で、キュート、人懐っこいのですが、気分が向かなくなるとしっぽを向けるようなタイプです。

社交好きな彼女のまわりには、いつもたくさんの人々が集まりますが、現在ステディな彼はいないそうです。特に持たないのか、持ちたくないのかはわかりませんが、シングルライフを楽しんでいます。

ここフランスでは、パーティーの場で名刺交換をする人はほとんどいません。日本は初対面の人とは、自己紹介を兼ねて名刺交換をすることから始まりますが、ヨーロッパはその人の肩書を知ることより、共通の話題を見つけながら、趣味、スポーツ、旅行の話を楽しみます。

お互いに理解が深まると、初めて何をしているかなど個人的な会話に移ります。最初から、何歳ですか？　職業はなんですか？　お住まいはどちら？　などと質問攻めにしてしまったら、相手は引いてしまいます。

また、初めて会った人に、個人的な情報をオープンにしたくないという方もいらっしゃいます。ですから、初対面の人との会話は、目の前に見える共通言語となるような話題を中心にするのが大人のたしなみというものです。

「このカナッペ、とてもおいしいですよ。召し上がられましたか?」

「この会場へは、どのようにお越しになられましたか?」

こうした会話をきっかけに、男女関係なく相手との共通の話題を探っていきます。

会話術について、私たち日本人とフランス人は違うなと感心したエピソードがあります。

主人のジョンがあるパーティー会場で、隣に座っていた男性と親しげに会話をしていました。それも食事中の間ほとんどです。

楽しそうに会話が弾み、何を話しているのかと思えば、共通の趣味であるヴィンテージカーについてでした。大の大人がまるで子ども同士のように夢中になって話し込んでいます。

やっと私の存在を思い出したのか、ジョンがこちらに目を向けました。会話がひと段落した頃、彼に聞きました。

「知り合いの方?」

「ううん、初めて会った人だよ」

「何をしている人なの?」

「知らない、なぜ？」

これだけ長い間話している相手の素性も知らないで会話が続くなんて、フランス人ってやっぱりスゴイ。

そして長時間会話が続いても、名刺交換するわけでもなく、彼らはその場を最上級に楽しんだわけです。

「会話の魔術師」とでもいいましょうか。会話のテクニックに関して彼らは天才的に優れているといつも感心させられます。

先入観や固定観念は人生をつまらなくする

イリナとは最初「おしゃれ」が共通話題となり、話が弾むと自分のことを話してくれました。

モスクワ出身でモナコに住み、イギリスにもマンションを所有しているジェットセッター。何より驚いたのは、彼女の職業が国際弁護士だったこと。言葉は、ロシア語、フランス語、英語、イタリア語が堪能で、世界中にクライアントを持ち忙しく飛び回る、まさにインテリジェントウーマンです。

こんなにおしゃれなひとが弁護士だなんて!!

これまでの人生で弁護士にお世話になったことは何度かありました。特にヨーロッパでは、物件を購入するとき、結婚や離婚をするとき、生活上の問題が生じたときなど、弁護士に相談することは日常です。

過去にお会いした弁護士さんをイメージすると、ちょっと固い感じの方ばかりで、ここまでファッショナブルな国際弁護士にお会いしたのは初めてです。

弁護士という職業の方がファッションに興味があったり、社交好きだったりというイメージが結びつかず、最初は驚きました。でも、あとからそれは日本人的な感覚に過ぎないと思い直しました。

日本人は「こういう職種や肩書きのひとはこうあるべき」などと型にはめがちで、私自身、無意識にそう思い込んでいた面があったように思います。

それがヨーロッパに来てからたくさんの経験をして、いろいろなひとたちと触れることで考え方が大きく変わりました。

ひとつの固定観念でものを考えたり、ひとを判断したりするのは間違っていて、ひとそれぞれ個性があって当たり前なのです。そうだからこそ、もっとひとを好きになれる。それこそ異文化交流の醍醐味だと気づいたのです。

ONとOFFのファッションは180度変えて

その後、イリナとよく出かけるようになりました。

彼女はいつも帽子をかぶっています。縁の大きなハットタイプ、ベレー帽、ロシア風の毛皮の帽子……と、その種類はバリエーション豊富。

彼女にとって帽子は、洋服の一部なのです。帽子をかぶらないときは、思いっきりヘアースタイルで遊びます。

また、服装にもこだわりがあり、白×黒というようなモノトーンカラーよりも、明るい色にこだわっているそうです。


「白と黒はお葬式のときだけで結構!」

そんな話の流れから彼女がユーモアたっぷりに発したこのひと言に、生き方やこだわりを感じました。

弁護士という職業柄、白黒はっきりつける仕事だからプライベートでは鮮やかな色やセクシーな女性らしいスタイルを選びたくなるというわけですね。

ＯＮとＯＦＦを明確に分ける。そのきっぱりとした潔さに、フランス女性のエスプリが現れています。

仕事や公式な場でのファッションと、プライベートでのファッションが変わり映えしなかったら、つまらないですし、気持ちの切り替えもうまくいきません。

メリハリのきいたファッションで、女であることを存分に楽しみましょう。

Story 4

「どんな気分のときも いまを楽しめる武器。 それがファッション」

グレース　70歳

Il n'y a qu'une seule arme pour apprécier l'instant présent, quelle que soit.

この日、なぜその服を選んだのか

グレースとの出会いは、大晦日のカウントダウン・パーティー後のホテル・ド・パリでした。

私は毎年、モナコの中心地カジノ広場にあるホテル・ド・パリで開催される、恒例の年越しパーティーに家族で参加しています。

それぞれの家庭で除夜の鐘を聞きながらしめやかに新年を迎える日本の伝統的な大晦日の過ごし方とは違い、ヨーロッパではみな着飾って21時ごろから外出します。レストラン、ホテル、広場など外でカウントダウンを迎えるのです。

その日、私たちはスクールの生徒さんたちと一緒にディナーをいただきながら、ダンス、音楽、ショーを楽しんでいました。カフェ・ド・パリの店内は満席で、窓越しから見えるカジノ広場もひとがあふれています。

日本のようにしっかりオーガナイズされていないのがヨーロッパ流とでもいいましょうか。いざ、年越しを迎えるとき、「あと5分で年が明けますよ」などの事前のアナウンスは一切ありません。周囲の雰囲気で、「もうそろそろかしら？」と時計を見ながらソワソ

ワし始めます。そしてあわてて、

「cinque, quattro, tre, due, uno　Auguri!!」

なぜかイタリア語でカウントダウン。同時にカジノ広場では盛大な打ち上げ花火が上がります。知らない人たちも含めて周囲にいる人たち全員とビズー（親しい人同士がする、相手の頬と自分の頬を合わせるフランス流の挨拶）で新年を祝います。

楽しい時間を過ごしたあと、ばったり会った友人と一緒にいたのがグレースでした。彼女は私のパープルのカクテルドレスを見て、

「あなたによくお似合いですわ。このカウントダウン・パーティーの雰囲気にもピッタリです」と評価してくれました。

彼女はドレスデザイナーだと紹介され、ファッションのプロフェッショナルに認められたことが嬉しく、いつもと違った喜びを感じました。

ヨーロッパでは、服装、ヘアースタイル、アクセサリーなどを褒めるのは社交の基本的なマナーであり、会話のきっかけづくりにもつながります。

「あなたの選ぶファッションは、あなたの気持ちを表現しています」

とグレースは言います。

毎年参加しているこのパーティー会場が、薄い紫やピンク色の照明があたることを知っていた私は、その場がさらに華やぎ、みなさんにも楽しんでもらいたいという気持ちから、同色でダークな紫色を選んでいました。

それから数日後、彼女のショールームに誘われました。

グレースから後日聞かされたことですが、じつはジョンのおかげでショールームに誘ってもらえたことを知りました。ジョンが彼女と道端で偶然会い、「ユリエに似合うドレスがあったらぜひ勧めてほしい」と頼んだそうなのです。

モナコという場所柄、富裕層が多く集っています。一見華やかで裕福に見える生活も、それぞれがいろいろな問題を抱えながら生活しているのも現実です。特にカップルの問題は多いようです。

「××のご主人、派手な服装の女性と親しくしていたわよ」

「今夜のパーティーには、奥さまと違う女性と出席されているわ」

など、浮気、夫婦喧嘩、離婚の問題はよく聞こえてきます。

ひとは富を得ると、必要以上に物欲が増える傾向があります。もう一台車が欲しくなったり、クルーザーを買ったり、そこに美しい女性を乗せてみたり……。

グレースいわく、「ご主人が奥さまを思いやるような言葉を最近はほとんど聞けなくなったけれど、あなたたちはお互いを思いやる素敵なカップルね」とのこと。

いつもは口ゲンカの絶えない私たちですが、ジョンが私のことを想ってくれたことに感謝し、また他人からこのように評価されているのかと思ったら、とても嬉しくなりました。

できない理由より、できる方法を探す

グレースは離婚歴があり、プレタポルテではないオートクチュールという特殊な世界で働き、そこに来られるお客さまと接してきたことで、このような感覚にとても敏感なのでしょう。

プレタポルテとは、フランス語で「prêt-à-porter」。直訳すると「そのまま着られる服」となります。ブティックに並んでいる既製品のことを指します。

それに対してオートクチュールは、「haute couture」。高級な仕立て服という意味です。特別な日のためにオーダーすることが多く、オートクチュールでウエディングドレスをつ

くるひとも少なくありません。オートクチュールは世界に一着しか存在しないので、制作時間がかかり、とても高価です。

グレースが扱うのはオートクチュールのみで、そこに来られるお客さまのレベルの高さがイメージできると思います。

彼女は若い頃からデザインの仕事に打ち込み、結婚後も仕事を続けていました。のちに赤ちゃんを授かり、出産してからも仕事は続け、子育てと同時にオートクチュールのドレスを手がけるようになると、少しずつ名前が知られるように。しかし、仕事で成功を収めると同時に結婚生活は悪化、この生活にピリオドをうち離婚に至ります。当時を振り返りながら、彼女は「遠い過去になるわ……」と遠くを眺めていました。


女性の社会進出と同時に、どの世界でも問題になるのは結婚生活との両立です。現在、フランス人女性の80％は仕事をしています。仕事だけ、結婚生活だけがうまくいっても満足しないという考え方が大きいようです。

女性誌で紹介されるような社会でも活躍している女性は、すべてを手に入れている人たちばかり。フランスでは国がそれを手助けしている部分があります。

フランスは「パリテ法」という、政治家の数を男女一緒にしましょうという法律をつくりました。男性議員ばかりでは世の中は一向に変わらない。だから議員の数を男女半数ずつにする、と法律で決めたのです。

パリテ法のおかげで、国会は少しずつ変化しつつあるそうです。その影響が企業の管理職にも反映され、男女同等に近づける動きが出てきています。大手企業はイメージアップをはかるために、ランキングを一般公開して、女性管理職の採用を積極的に取り入れる動きをアピールしています。

このように、フランス女性が素晴らしいのは、ただ理想を描くだけではなく、現実に行動に移すところにあります。

仕事も家庭もすべてを手に入れている女性に共通しているのは、できない理由よりも、できる方法を考えて行動しているところではないでしょうか。

両立させることのむずかしさや忙しさを言い訳にする前に、できる方法を考える思考と、行動に移せるフットワークの軽さを持ちあわせているのです。

やりたいことを実現するのに遅すぎることはない

「離婚後は仕事と育児で無我夢中だったわ」とグレース。

ご子息は寮制の学校に入り、週末だけ息子さんと過ごす生活を送られました。離婚をし、大好きな息子とも離れ離れに暮らさなくてはならない選択はとてもつらかったと聞いています。

そんな状況のなか、彼女の支えは週末息子さんに会えることと、大好きなドレスづくりに没頭すること。

「気分が落ち込まないように、思いっきりゴージャスなドレスをつくったわ」

彼女の人生は、大好きなファッションが支えとなり、希望を与えてくれたのです。


「私にとってどんな気分のときも、いまを楽しめる武器。

それがファッションよ」

ファッションの素晴らしさ、本質を彼女はこう表現します。

長い人生には、大きな選択をしなければならないときもありますが、〝好き〟を仕事にしているからこそ、大切な家族を手放してまでもファッションに没頭できたのだと思います。


60歳を過ぎた彼女は、大きな賭けに出ます。

ロンドンからモナコへは一日に数本飛行機が飛んでいて、わずか90分のフライトで到着します。１９００年代の初め、雨の多いイギリスに住む裕福な人たちは、太陽を求めてフランス南東部の温暖な地中海沿岸、コートダジュールに押し寄せました。

モナコへ幾度もバケーションに訪れていたグレースは、いつかモナコに自分のショールームを持ちたいと考えるようになりました。

日夜パーティーの絶えないこの国には、オートクチュールドレスが存在し、自分のデザインするドレスの需要は必ずあると直感したそうです。

いつも自分の直感を信じて進んできたグレースは、ドレスをつくるときも、オーダーを受けた相手からのインスピレーションを大事に制作しているそうです。

そんな思いを心に描きながら一念発起、モナコへ移住。仕事で成功を収めていたひとが、還暦を過ぎて夢のためにあえて多難な道を選んだのです。

だれにでもできることではありません。この年齢になると、人生の安定を求めるひとのほうが多いでしょう。

しかし、夢を叶わない夢にしてしまうのか、叶えるために行動するかで人生は大きく変わります。グレースは、失敗してもいいから夢への一歩を踏み出してみたかったのです。

実際にはうまくいくことばかりではなかったと思います。モナコは近いといっても言語、習慣が異なる別の国。ここでゼロからスタートをすることは、体力的、経済的にも多大なエネルギーを要したと想像します。

彼女のショールームは、カジノ広場と地中海が大きく見渡せるマンションの6階にあります。

「ユリエにはこの赤いドレスがぴったりよ」

そう言ってドレスを用意してくれました。

彼女と会うのは2回目。なぜ私が赤を好きだと知っていたのでしょうか。

聞いてみると、「直感よ！」とグレースらしい答え。その直感どおり、ゴージャスなそのドレスは私の大のお気に入りとなり、ここぞというパーティーの席で着ています。

グレースはモナコにショールームを構えてから、改めてドレスの着こなし方を知らない若いお嬢さんもいるということに驚かれたそうです。

今後の活動としてドレス制作だけでなく、着こなし方や選び方、オートクチュールの必要性についても伝えていきたいとのこと。特に、ドレスをひとりで着る秘訣も伝えるべきだと笑って話していました。

ヨーロッパでも人生の後半をひとりで過ごされる女性が増えています。

オートクチュールのようなジャストサイズのドレスのファスナーをひとりで上げるのは絶対に無理なこと。だからファスナーは質のよいものを選び、ファスナーの穴に紐を通して、ひとりでも上げられるようにすると便利だと教えてくれます。

それを聞いてクスっと笑った私に、

「とても切実な問題で、シリアスな話なのよ」

とウインクして言っていたのが、チャーミングで印象的でした。

ファッションだけでなく、女性の現実を知っている彼女だからできるアドバイスなのでしょう。

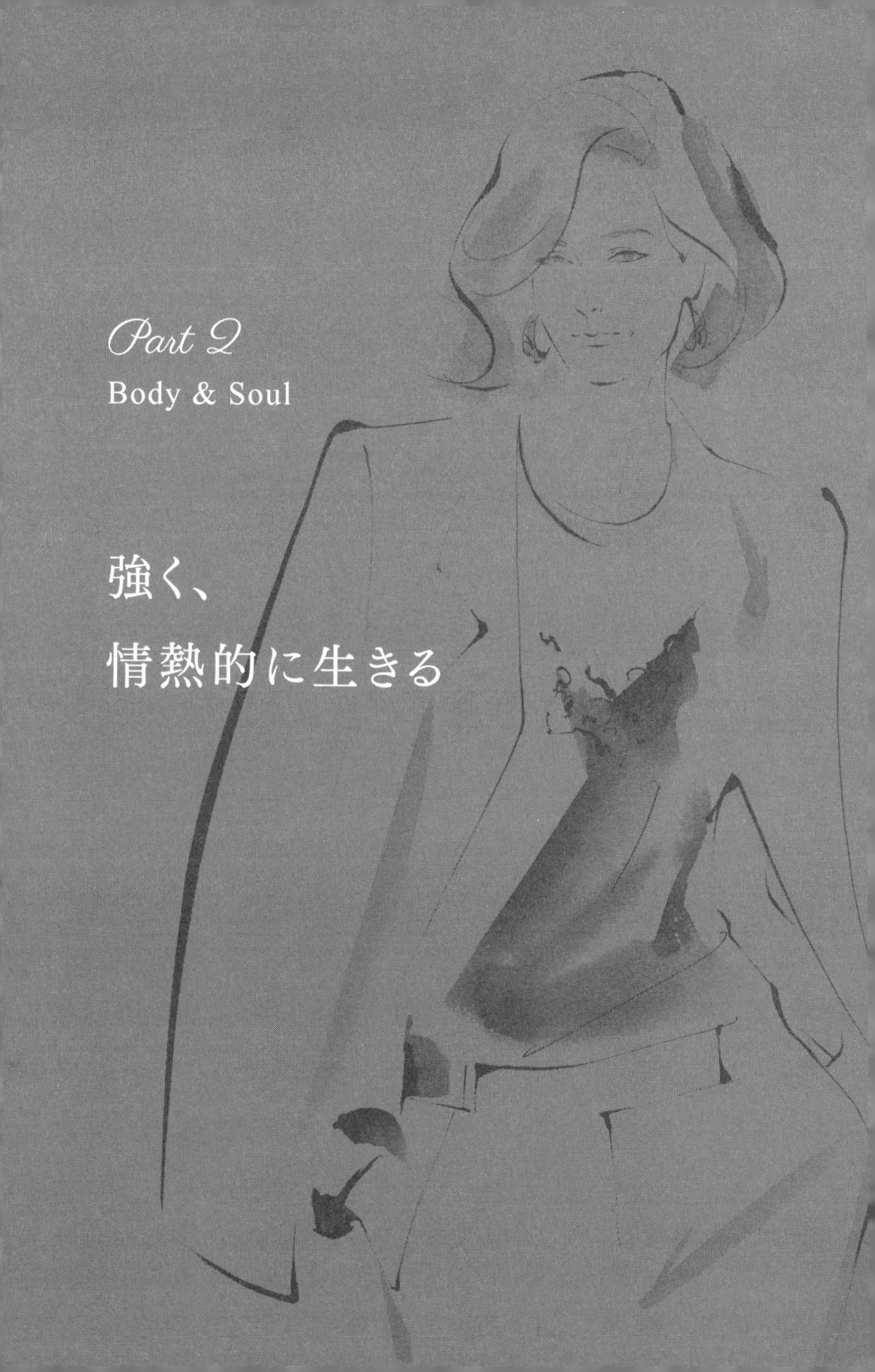

Part 2
Body & Soul

強く、
情熱的に生きる

Story 5

「疲れたときは、赤い肉を食べなさい」

ジャンヌ　86歳

Si vous vous sentez fatiguée,
mangez de la viande rouge !

毅然として生きる美しさ

ジャンヌは、義母のジョゼットの妹であり、私の叔母さんにあたります。生涯を独身で過ごしている彼女からは、女性がひとりで生きていくことや、女性に必要な強さを学びました。

主人と結婚して2年ほどたったある日、ジャンヌ叔母さんが滞在している南仏プロヴァンスの別荘へうかがったのが、最初の出会いです。

緑が美しい田園風景のなかに、可愛らしい石造りの家。窓の縁が水色で、玄関には薔薇の花が咲いています。ジョンに案内されながら中に入ると、

「ボンジュール」

フランス式のビズーの挨拶でジャンヌ叔母さんとキス&ハグ。そのとき、彼女がとても長身なのに驚きました。身長170センチの私の目線が上を向きながら話しているくらいです。

少し会話をした印象からは、楽観的なジョゼットとは対照的で、自分に厳しい性格のように感じました。ブロンドのセミロングヘアーに赤い口紅を塗り、水玉模様のワンピース

に、真珠のロングネックレスを二重につけていたジャンヌ叔母さんも、いったいいくつなのかまったく見当がつかないほど、溌剌とした美しいマダムです。

ジョゼットは暖色系を好みますが、ジャンヌはブルー系がお気に入り。

情熱派のジョゼットに対し、クールなジャンヌ。ここまではっきり性格が正反対の姉妹も珍しいかもしれません。


家の中を案内され、私の第一印象そのままの女性に違いないと直感しました。

真っ白な壁に、すみずみまでピカピカに磨かれた室内。爽やかなブルー系の色がアクセントになっています。シーツや枕カバーは、アイロンがぴしっとかけられ、棚にはタオルや食器が整然と並んでいます。

この別荘は、私が嫁いだタメンヌ家の所有する邸宅で、築600年の歴史がありますが、その伝統を守るに相応しい人だと思いました。


ジャンヌ叔母さんは、過去に男性との恋愛は幾度もあったそうですが、「死ぬほど愛した」という彼と別れてからそれ以上を求めなくなりました。あるとき、彼女のアルバムを見せてもらったのですが、ひとりの男性との旅行や食事のシーンなどがたくさん出てき

て、アルバムの最後に
「Ｆｉｎ（この恋は終わった）」
と書いてあるのを見て、おそらくこの男性が最後の恋人だったのだろうと直感しました。

ジャンヌ叔母さんは、とても親切でやさしい性格の反面、サバサバしていて、つねに冷静でクールな面があります。ジョゼットとは正反対の性格のためか、寄ると触ると口論が始まります。

ジョゼットは「私がすべてを持っているから、昔から彼女は私にジェラシーを感じているのよ」と、本人に向かってよく言っています。対して「別にあなたにジェラシーなんか感じてないわよ。私には私の生き方があるから」とクールに返すのがジャンヌ流。

フランス人は口から生まれてきたのでは？　と思うほどよくしゃべり、主張をしますが、特にタメンヌ家はそのカラーが強いようです。

このふたりの口論や、生き方やスタイルの違いを見るにつけ、持って生まれた性格と、歩んできた人生によって、血のつながった姉妹でもこんなにも人生観や思考に違いが生まれるのかと感じさせられます。

女性として生まれたからには、胸元を強調したりスリットの入ったスカートで、フェミニンな魅力を存分に引き立てるゴージャスなファッションをすべきだというジョゼットに対し、ジャンヌは女を全面に出すことはせず、むしろ中性的で、シンプルでさりげないファッションですが、そこに毅然とした「強さ」を感じます。

赤ワインと赤い肉が情熱の源

彼女の芯の強さを感じた象徴的なエピソードがあります。

30代前半だった頃のこと。東京での仕事に追われて、かなり疲れきった状態でジャンヌの家に到着したことがありました。

ふだん、風邪もほとんど引かず健康が取り柄の私ですが、プロヴァンスに来て気持ちが安らいだせいか、すべての疲れが一気に出てしまい、翌日からストレス性の病気になってしまったのです。

数日間ベッドで過ごした私にジャンヌ叔母さんは、

「日本は魚料理が中心だと思うけど、疲れているときは赤身の肉を食べると元気になるのよ」

と、牛肉のタルタルステーキと赤ワインを用意してくれました。

日本では病気のときは、おかゆなど消化のいい、胃腸に負担のかからないものを食べるのが普通ですが、フランスでは生気を失い弱っているときこそ、生命力のあるエネルギッシュな赤い肉を食べて精をつけようと考えるのです。

しかも、病人だからお酒を控えるのではなく、むしろ、気付け薬のように、「具合が悪いのだから赤ワインを一杯飲みなさい」と勧められます。

私は、日本の習慣とあまりに違いすぎることに戸惑いながらも、ジャンヌ叔母さんが用意してくれた生肉とワインをいただきました。最初は、具合が悪いのに生のお肉など食べられない、と思ったのですが、脂肪分が少ないのであっさりしていて量は食べられませんが、おいしくいただきました。

そして、動物の生命をいただいたおかげでしょうか。みるみる活力が戻り、元気を取り戻したのでした。

赤身肉の力は偉大だなと思いながら、以前、日本から来ていた友人たちとパリのビストロで食事をしたときのことを思い出していました。

時間は22時過ぎ。私たちの向かい側のテーブルに、70代ぐらいのおしゃれなフランス女性3人が楽しそうに食事をしています。

何を食べているのかとテーブルを覗いてみると、そこには骨付き牛肉のステーキと赤ワインがありました。

こんな夜遅くに、70歳を過ぎたおばあさんたちが、ステーキ肉に赤ワインを口にしているなんて。「日本ではありえない」とみんなで顔を見合わせました。

なぜって、歯が丈夫でなければ肉が噛み切れませんし、深夜にステーキなど食べたら消化に悪いし胃がもたれるからと控えるのが普通。それに、年老いた女性たちが遅い時間に、おしゃれをして外出する姿を見ることもないと口を揃えていました。

自分の意見を言えないのは、存在しないも同然

ジャンヌもジョゼットも、脂身のない真っ赤な生肉と赤ワインを好んでよく食べます。その姿からはフランス女性の強さを感じます。

日本人女性は「カワイイ」を意識して振る舞うためか、フランス人から見るとどうしても幼なく見えてしまうようです。若さがもてはやされやすい日本の社会では、男性が守ってあげたくなるような可愛らしさを見せたほうが何かと楽なのかもしれません。

しかし男性に頼っているぶん、自分で決断をして責任をとることも少ないため、人生に

おいてそれ以上の結果を得ることもできないでしょう。

私の知人が、普段の洋服を買うのも自分で決められないので、ご主人につき添ってもらい選んでもらっているという話を聞き、仰天したことがありました。

見方によっては、仲のよい証拠なのかもしれませんが、日本を一歩出ると、未熟な女性とみられてしまいます。

それに比べるとフランス人女性は、喜怒哀楽が激しく、自己主張が強すぎると感じるかもしれません。でも、感情をすべてストレートに表現しているので裏表がなく、慣れるととてもつきあいやすく、人間的だと感じます。

また、フランス人は相手の意見に対して曖昧な返事をしたり、同調したりはしません。自分の意見をはっきり述べます。相手を尊重したり、気をつかったりできるのは日本人のよいところですが、それが行き過ぎると、自分の考えを相手に理解してもらえなくなってしまうこともあります。

フランスに住み始めたころ、友人の誘いでカフェに行くと、仲間たちが6人ぐらいで会話をしていました。

私もその輪に入ったのですが、結局ひと言も話すことなく終わってしまい、最後には「ユリエ、いたんだ?!」と言われ、悔しい思いをしたことをいまでも忘れません。

フランス人の会話はいつもエネルギッシュで、四方八方から会話が飛んできます。そのリズムやタイミングに圧倒され、口を挟むことがまったくできなかったのです。

最近、日本では菜食や粗食が体によいといわれますが、80歳を超えて健康でパワフルな毎日を送っているジャンヌとジョゼットを見ていると、エネルギーの源はやっぱりこの真っ赤な肉と赤ワインにあるに違いないと思ってしまいます。

ヨーロッパに住み始めてから私も肉を食べることが多くなりましたが、鶏肉や豚肉を食べようとすると、「そんな白身の肉ではパワーにならないわよ」と言われてしまいます。

根拠は定かではありませんが、エネルギッシュな90歳と86歳のふたりが口を揃えるのだから、説得力があります。

「いつまでも若々しくエネルギーに充ちていられるのは、赤い肉と赤ワインのおかげよ」

私に牛肉のタルタルステーキを食べさせてくれたジャンヌの言葉は、日増しに重みを増してきています。

真っ赤な牛、仔羊、鴨などを赤ワインと一緒に食べることで、歳を重ねても美しく、健康でありつづけられ、強さを手に入れられるのだというのです。

歴史的に日本人が肉を習慣的に食べるようになったのは、明治時代からだといわれています。野菜や魚が中心の食生活の私たちは、いまでも肉をたくさん食べるのは体によくないのでは、と思いがちです。

でも、食生活や生活スタイルの欧米化が進み、海外で働く人や渡航者も増え、日本にも観光やビジネスでやってくる外国人がたくさんいる時代です。

また、さまざまな情報が更新されているなかで、ひと昔前に言われていたことが現在も通用するとは限りません。

そうした変化にともない、自分がどんな体や精神をつくりたいのか。どういう年齢の重ね方をしたいのか。何を求めていくかによって、食べるものについても、見直してみてもいいのではないでしょうか。

私は私で生きていく、という強さ

私は、フランス人をはじめ、さまざまな国籍の人が集まるモナコで生きていくことを決めました。

フランス同様に自己主張が強く、議論好き。謙虚であることより、一歩前に出ることが評価につながるようなこの国で、ちょっと体調が悪いからと、おかゆをこっそり食べているようでは、彼らのエネルギーに負けてしまいます。

すべてをフランス人のようにすればいいとは思いませんが、狩猟民族で肉食の彼らと対等でいるためには、その食習慣も受け入れていく必要があると感じたのです。

ジャンヌもジョゼットもそうですが、フランス女性たちは、みな、自我をしっかり持っています。他人からどう思われようが、何を言われようが、

「私には私の生き方がある」

とジャンヌが言うように、振り回されることはありません。

かつて、黙って男性のうしろをついていくことが女性としての美徳とされてきましたが、フランスではそんな引っ込み思案ではまったく相手にされません。それどころか、みんなでテーブルを囲んでいたとしても、「あれ、いたの？」と存在さえ認めてもらえないのです。そんな女性が魅力的に見えるわけもありません。

いくつもの恋愛を経験しながら、結婚を選ばなかったジャンヌは、企業で要職を務め、いまでも地域活性化のための活動を精力的に行っています。恋愛も仕事も存分に経験して

きた彼女からは、後悔や寂しさは感じられません。

「私が選び取った人生であり、満足している」

という自負が言葉の端々に感じられます。

そんな彼女を、私は強くてたくましく、そして美しいと思います。

私も、歳を重ね、自分の人生を振り返ったときに、ジャンヌのようにしなやかでありたい。そんな未来を、いまから描いているのです。

Story 6

「気分がのらない朝は シャンパンで顔を洗うの」

マリオン　88歳

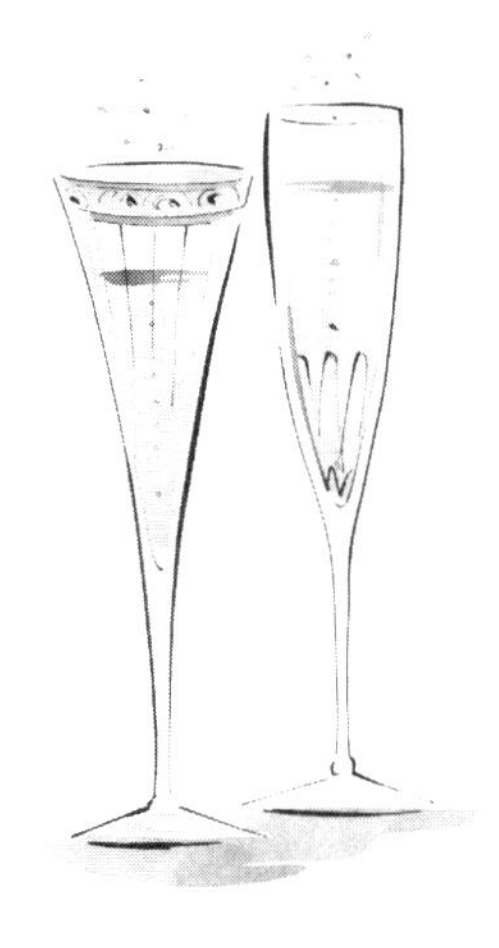

Rien ne vaut de se rincer
le museau au champagne les matins
où l'on ne se sent pas trop bien.

魅力的な女性は白い歯を見せて笑う

「あのマダムは、どなた？」

目の前の女性に、私は釘づけになっていました。

夏の終わりの夕暮れ。モナコの「ジャルダンエキゾティック」という公園で開かれた、絵画展のオープニング・パーティーでのこと。

その女性は、サーモンピンクのパンタロンスーツに身を包み、つばの大きな同色の帽子に、大ぶりのアクセサリーをつけています。夏の熱気を残しながら、コートダジュールの海に沈む燃えるようなオレンジに、マダムの全身サーモンピンクの着こなしは、まるで映画のワンシーンのようで抜群に映えていました。

ほかの人たちがカクテルドレスなどスタンダードフォーマルなファッションのなか、そのマダムのマスキュリンなスーツ姿はひときわ目立っていて、なんて抜群のセンスなのかしらと、見入ってしまいました。

１００人ほど集まるパーティー会場で彼女は圧倒的な存在感。だれもがその存在に目を奪われます。彼女の雰囲気（オーラ）、ハリのある声、周囲の人たちとのコミュニケーシヨンの取り方、動作、笑い声……。

彼女は何語を話すのだろう？　この女性のすべてに興味津々でした。大勢の人々に囲まれながら会話を楽しんでいるマリオンが、私に視線を向けてくれました。

「ボンジュール！」。ちょっと大げさなぐらいの挨拶は、とてもラテン的です。

「なんて素敵な方なの、お名前は？」

「あなたのヘアースタイル、魅力的だわ！」

初対面の私に対して、相手のよい部分を褒めてくれるのです。

マリオンを目の前にして緊張気味だった私も、褒めてもらうことによって、居心地がよくなり、さらに引き込まれていくのを感じました。

彼女の特徴的な笑顔と笑い声は、周囲を楽しくさせてくれます。

日本では歯を見せて笑うことは下品に見られがちです。また女性は歯を見せて笑うべきではないと言われてきた記憶があります。

そのため、自然と口に手を当てて笑うのが習慣になっていました。

しかしヨーロッパのひとたちは、口を開けて笑い、特に歯を見せて笑っています。これは他人に自分をさらけだしているのと同じ意味で、心を許している印象を与えます。

マリオンの爽やかな笑顔を見ていると、彼女は楽しいから笑うのではなくて、周囲を楽しくするためにとびきりの笑顔を見せてくれているのではないかという気がしてなりません。

初対面のとき、私は会話をしながら、このマダムはいったいいくつなのかしら、とずっと観察していましたが、年齢不詳でまったく見当がつきません。とにかく明るくて社交的。ふくよかな体型ですが、
「ダイエットするくらいなら、好きなものを好きなだけ食べて飲んでいたいわ」
と、細かいことは気にしないあっけらかんとした気質のようで、見ているこちらが気持ちよくなります。

ひとを楽しませる術にも長けていて、私が初対面で少し緊張していると、「ユリエはジャパニーズなのね。私の親しい友人にも日本人がいるのよ。ニューヨークで大きなビジネスをしていて、とっても素敵な男性だからユリエ、ぜひニューヨークにいらっしゃい。紹介するわよ」

と、相手との共通の話題を探して、話が自然と弾むように持っていってくれます。初対面の相手から、どこから来たのか、年齢はいくつなのか、結婚しているのか、子どもはい

るのか、どんな仕事をしているのか……とプライベートなことを根掘り葉掘り聞かれることがよくありますが、話したくないこと、知られたくないことも人にはあるわけで、それだけで辟易してしまった経験、みなさんもあるのではないでしょうか。

マリオンはお互いの共通点を話題の切り口にして、そこから会話を広げていくので、相手のプロフィールをまだ知らない段階でも、会話が弾みました。

自己主張が強いのがフランス人の特徴だと言いましたが、社交の国の人たちは、初対面の相手との打ち解け方にも長けています。

相手に警戒心や負担をかけない、軽妙洒脱な社交術。パーティーに参加することが日常的なフランスだからかもしれませんが、フランス女性のコミュニケーション術には私たちも学ぶところが多いと思います。

初対面の相手に、ぶしつけにプライベートなことを聞かない。自分と相手との共通点を見つけ、そこから会話を広げていく。趣味でも、好きな食べ物でも、話題はなんでもいいでしょう。相手の服装や会話の端々から、興味のありそうなこと、関心事をさぐるのです。

人生は、楽しんだ者勝ち

マリオンは現在、ニューヨーク、パリ、ロンドン、モナコと、世界中を2、3カ月ずつ過ごす生活をしています。

そんな生活ができるのは、Baron（男爵）というタイトルを所持した男性と結婚し、Baroness（男爵夫人）という人生を歩んできたおかげでしょう。

現在のヨーロッパには階級制度はなくなりましたが、歴史上、公爵・侯爵・伯爵・子爵・男爵というタイトルを持ち続けている貴族家系は現在も存在します。

ご主人はすでに他界されていますが、いまも男爵が存命の頃と同じような華やかな生活スタイルを保つため、さまざまなひととの交流を持ち続けています。1年に4都市を行き来するのも、そのためなのかもしれません。

彼女がモナコに滞在するのは、毎年7月から9月までのサマーシーズン。飛行機が苦手な彼女は、ヨーロッパ内を移動するのは、もっぱら電車です。

「別に急ぐ旅ではないから。のんびり行くわ」

と余裕たっぷりにウインクするマリオンに、

「でも、ひとりで移動なんて、心配ではありませんか？」

そう尋ねると、うふふと笑って

「あら、そんなことないわよ。電車を降りるときは『マダム、どちらまで行かれるんですか？』とタクシーまで荷物を持ってくれるし、ホテルでもすべてやってくれるから、私が自分で持たなければいけないようなことはないのよ」

と、なんでもないことのように言います。

でも、私たちの常識からすれば、ものすごいことだと思いませんか？

88歳の女性が、1年を4都市で過ごす。しかも、移動のほとんどは単身で、です。

私は「自分がその年齢だったら？」と考えてしまいました。

88歳まで生きていられるかどうかもわかりませんが、もし元気にしていたとしても、もうあと何年生きられるかという年齢で、もう昔のように無茶はできないとか、ひとに迷惑をかけるかもしれないから、おとなしく余生を過ごそうとか、年相応なことを考えてしまうと思います。

でも、マリオンは自分が88歳だから、などと年齢をベースに考えていない。むしろ、

「いくつだからとか、年齢に縛られていたら何もできないわよ。私はここまで生きてこられたのだから、もう何が起きても大丈夫。思い煩うぐらいなら、毎日楽しく生きたほうが

いいじゃない」

と言う。彼女は究極の楽観主義者で、そんなマリオンを見ていると、私も、自分の悩みやこだわりがちっぽけに思えてきて、

「人生は楽しんだ者勝ち！」

と、おおらかな気持ちになれるのです。

シャンパンの魔法で女を上げる

底抜けに明るくてダイナミックなマリオンですが、気分がすぐれない日もあります。あるとき、ちょっとアンニュイなマリオンがこう言いました。

「今朝は気分がすぐれなくてね。そんなときはシャンパンで顔を洗うのよ」

もともと彼女はシャンパンが大好きで、ほぼ毎日のように日が暮れる頃にシャンパンをあけて、アペリティフとして飲んでから、夕食に出かけます。これはマリオンに限らず、フランスではわりと一般的なスタイルで、自宅で食事をするときも、まずシャンパンを一

杯飲んでから、夕食ではワインを飲みます。

でも、朝からシャンパンで顔を洗うというのは、初めて聞いた習慣でびっくり。理由をたずねると、マリオンらしいゴージャスな答えが返ってきました。

「シャンパンの繊細な泡が、ほっそりしたグラスのなかで立ち上っていく様子を見ているだけで、気分が上がるのよ。そのシャンパンで軽く顔をパシャパシャって洗うと、きめ細やかな泡が肌に浸透して、気持ちがすっきりするの。もちろんそのあとは、冷えたグラスに注いで、味もしっかり楽しむわよ」

日本でも朝からシャンパンを飲む「朝シャン」スタイルが流行っているそうですが、マリオンはシャンパンで顔を洗うのですから、一枚も二枚も上手です。

日本ではシャンパンというと高級でお金持ちの人たちのもの、というイメージがあるかもしれませんが、フランスでは中流階級でも日常に欠かせない身近なアルコールです。

セレブリティなパーティーでなくても、たとえばフォトグラファーの写真展のオープニングレセプションなど、気楽なパーティーでも、シャンパンしか出てきませんし、ホテルの朝食にシャンパンがついてくることも珍しくありません。高級ブティックでは、上客のお客さまにはシャンパンでもてなす、ということも。ちょっとしたことでシャンパンをあけるのが、フランスの習慣なのです。

フランス人にとって身近な存在のシャンパン。私もモナコで暮らすようになり、日常的にシャンパンをあける習慣に慣れてきましたが、いついただいても、シャンパンは女性を美しく魅せるオブジェだなと思います。

ほっそりと背の高いシャンパングラスを手にすると、その繊細な感じがより女性を引き立ててくれるのです。

マリオンはそれを知っていて、気分がすぐれない朝、女である自分の魅力を引き上げてくれる道具として、シャンパンの魔法を借りているのでしょう。


「人生、楽しまなくては損」

という哲学の彼女からは、一日を沈んだ気分のまま過ごすのはもったいない、ということを教わりました。

シャンパンで顔を洗うのは、さすがにできないかもしれません。でも、自分が何をしたら気分が上がるのか、女性であることをより引き立ててくれるのか、シャンパンに代わる「魔法」を自分なりに見つけておくことは、あなたの一日を鮮やかにするでしょう。そして、そうして楽しむ姿が女性としての魅力を磨いてくれるに違いありません。

Story 7

「太陽の光を浴びなさい！細胞にもバカンスが必要なのだから」

ダニエル　50歳

Prenez le soleil !

Nos cellules ont elles aussi besoin de vacances.

外側だけの美づくりに卒業を

「なんて自然体のひとなのかしら」

ダニエルと初めて会ったときの第一印象です。

ほとんどメイクをしておらず、ヘルシーで優しそうな笑顔が印象的。何より一緒にいてとても心地のよい、ナチュラルビューティな女性でした。


出会いは仕事のご縁でした。当時オープンしたばかりの銀座のブルガリタワーで、私が主宰する「エコール　ド　プロトコール　モナコ」主催のパーティーを開催することになり、ダニエルがプロデュースするナチュラルスキンケアの商品を協賛してくれることになったのです。

その頃、彼女のブランドは、銀座や新宿を中心に百貨店展開をしていました。そのプロモーションの一貫として来日されたとき、私のオフィスへ来ていただいたのが最初でした。

お父さまがガンの名医として有名な研究者でいらっしゃいます。小さい頃からガンについて関心を持ち、その原因は食べ物に大きく影響されることを知ったダニエルはお父さまと研究を行い、15歳という若さで「美と健康」をテーマにした最初の著書を出版します。

その後、21歳で書き上げた『Eat yourself beautiful』はアメリカでベストセラーとなりました。

さらに、女性の美しさを追求していった結果、自然がもたらす恵みに触れて、本来の身体性を呼びさます Holistic beauty（ホリスティック美容）を基礎にしたナチュラルスキンケアの基礎化粧品を開発。

「美は内側からつくられる」という哲学のもと、現在はモナコを拠点に幅広く活躍し、彼女の教えを支持する女性は世界中に広がっています。

そして、私もそのひとりです。

二人に一人の割合でガンになっているというデータがある時代。実際、私の周囲にもガンの友人が数人います。それもとても親しい友人たちに、です。

私が40代になってから急に増え、正直戸惑いを隠せません。人間には寿命があり、いつかは死に至ることは理解しているつもりですが、ガンという現代病に侵され、苦しんでいるひとたちを見るたびに心が痛みます。

他人ごとではなく、いつ自分が侵されるかもしれないという思いから、私は毎年必ず人間ドックに入り、精密検査を受けることにしています。

どんな生活をし何を食べたか。その結果が肌となる

ダニエルの言葉は、現代を生きる女性たちが、自然に生きることの大切さを忘れてしまっているようにも聞こえます。

「即席メイクで隠すような歳のとり方はやめなさい。お肌にとって最も大切なのはデイリーライフよ。食べるものに気をつけ、毎朝お肌の調子を整えること。そして、ストレスを溜めないように自覚的にコントロールすべきよ」

残業続きなどで、多忙な毎日を過ごしているひとには、耳が痛い言葉かもしれませんが、体調や肌のコンディションを整えるのと同様に、外見だけでなく、内面を磨くことも大切です。

外見は内面の映し鏡。いくら外側が美しくても内面が整っていなかったら、バランスの悪い人間になってしまいます。私が主宰するスクールの根底には、プロトコールマナーを身につけることで、思いやりのある、心の美しい女性になっていただきたいという願いが

あります。

これはダニエルの教えと同じ考え方です。彼女の哲学である「INSIDEOUT beauty」（美は内側からつくられる）を具現化したものが私のスクールであり、ダニエルのスキンケアブランドなのです。

このように私たちは外見だけのビューティを求めるだけでなく、本当の意味で自分らしく、自然体で生きているひとが美しいひとと考えています。

フランスには古くから自然療法として、ホメオパシー、アロマテラピー、ハーブ、タラソテラピーなどがあります。

西洋と東洋の医療の考え方は多くの点で異なります。

東洋医学は人間が持っている本来の力を目覚めさせながら治療し、西洋医学は弱くなったところに科学の力を加えます。フランスの場合、基本的には西洋医学が中心ですが、自然療法も立派な治療法として国から援助を受けることもできます。ダニエルの考えは、まさに西洋と東洋のよいところを足して割ったような教えだと思います。

私がフランスに興味を持ち始めたのは、料理の分野からでした。

ホテルやレストランを数店舗経営する両親のもとに育ったため、食にこだわるのはごく自然な成り行きだったといえます。インスタントものは禁止、ファストフードや回転寿司も行くことはありませんでした。

というよりも、食べたいとも思わなかったのです。忙しい合間をぬって、母はいつも手作りの料理を用意してくれました。我が家ではそれが当たり前でした。

また、小学生の頃は給食のない土曜日に、ランドセルを背負ったまま父の経営する寿司屋のカウンターに座り、好きなものを食べていたのです。

特に父は食に対して厳しく、「本物だけを食べるように」と教えられました。

そんな学生時代を過ごしていた私は、フランス菓子に出会い、さらにフランス料理を勉強しました。20代最後の年には、高級フランス料理だけではない、家庭料理を楽しんでもらえるフレンチビストロの経営者にもなりました。

食の世界に精通していく過程で、「食」と「美」は密接に関連していることに気づき、深く探求するようになりました。

世界的に有名なアーティスト、マドンナがマクロビオティックを食していることを知り、同時期にダニエルと出会ったことが私の考え方に大きな衝撃を与えたのです。

また、ヨガ講師である私の妹は、30代からベジタリアンになり、マクロビオティック、ローフード、bioの専門家としても活躍し、私にたくさんのアドバイスをしてくれています。

美を追求するのは、女性の仕事

ダニエルの提唱していることは、決してむずかしいことではありません。日常生活に取り入れようと思えばすぐできることばかりです。

たとえば美しく過ごすヒントとして、こんなアドバイスをもらいました。

「あなたのまわりのすべてのものを愛するのよ」

「朝目覚めたら、好きな音楽を大きなボリュームでかけて狂ったようにダンスしてみて。一日中爽快な気分が続くから」

「お気に入りの女性的なランジェリーを着用してね」

など、どれもとても身近で簡単にできることばかりです。実際、私も楽しんで実践しています。

ほかにも、最高のストレスの解消法は「運動」であり、1日30分でいいからパソコンの前から離れて、ウォーキングをするだけでも、体はまったく違ってくるといいます。私も体を動かすことが好きなので、運動は積極的に行なっています。
また、ダニエルはこんなアドバイスもしてくれました。

・水をたくさん飲むこと
・歩くこと
・ハグをすること
・自分の体を愛すること
・もっと野菜を食べること

すべて聞いたことのある内容かもしれませんが、頭で理解するだけで終わるのと、実際にやってみるのとでは、まったく違った結果になります。
何事もそうですが、実行するかしないかで、人生に大きな差が生まれるのです。私は彼女の考え方に大きく影響を受け、つねに意識をしながら日々を送っています。

だれでも自分らしくナチュラルにいたいと思うのではないでしょうか。
でも、自然でいるということがじつはいちばんむずかしく、歳を重ねれば重ねるほどナチュラルから遠ざかってしまうような気がします。

人工的な技術や薬に頼ったりせずに、自然に美しく歳を重ねていく生き方を実践していれば、心も体も最高のナチュラルビューティを手に入れられるに違いありません。

そのためには、つねに意識を高く持ち、日々の努力を惜しまないことです。

美しくいることは、女性として生まれてきた義務であると思います。

美を追求することは、女性の仕事でもあるのです。

私も妻として、母として、女性として、いつまでも自分らしく美しくありたいと努力を惜しみません。


冬のパリからモナコに戻った私たちは、太陽が輝いていてホッとしました。

ダニエルはひとが美しく生きていくためには、太陽は絶対に必要であり、気持ちを明るくさせてくれると言います。

「太陽の光を浴びなさい！　細胞にもバカンスが必要なの」

と、ダニエルは太陽に向かって、大きく両手を広げて背伸びをしました。

日本人はシミができるからと紫外線を避ける傾向にありますが、太陽の明るい光は私たちが生きていくうえで必要不可欠な存在です。

また、内面から美しくなるためには、太陽の恵みをいっぱい受けた野菜をたっぷりとることも心がけたいですね。

人工的な温室育ちの野菜ばかりでは野菜本来の生命力を体内に取り込むことはできません。できるだけ旬の露地野菜を選ぶとよいと思います。

すべては積み重ねが結果になります。毎日1分1秒欠かさず美しく過ごすことを忘れずに、ダニエルのアドバイスを心にとどめ、内側からナチュラルな美しさがにじむような素敵な女性をめざしましょう。

Story 8

「石油がつくった体と、自然がつくった体。あなたならどちらがいい？」

ジェニファー　45歳

Un corps façonné par le pétrole
ou un corps façonné par la nature ?
Lequel est pour vous ?

南プロヴァンスのｂｉｏライフ

「これが私たちの求めていた幸せなのよ」

私と同世代、40代半ばのジェニファーが教えてくれます。

目の前には大自然が広がり、大木のそばでは子どもたちが笑い声をあげながら元気に走り回っています。あたりには山羊や豚が放し飼いにされ、それを追いかけている姿に思わず笑みが漏れました。

まるで幼い頃にテレビで観たアニメ『アルプスの少女ハイジ』の世界のようです。もちろんペーターやおじいさん役も揃っています。絵に描いたような光景でした。もしかしたらこんな時間を、「究極の幸せ」と呼ぶのかもしれない。そう初めて感じました。

私たちはだだっ広い高原に建つ、山小屋を改装したオーベルジュのテラスに座り、ゆっくりディナーを楽しんでいました。

ここはジェニファーがお気に入りの場所です。近くの村に車を置いて、山道を歩いて行くか、四輪駆動の車を利用しないとアクセスできない人里離れたところです。そんな舗装されていない山道を15分ぐらいガタガタ揺られると、牧場のような広い草原に平屋の古い建物が建ち、木製のテーブルと丸太のイスが縦に連なっていました。「もうこれ以上道はありません」と標識に書いてあり、さらにそれを突き抜けて辿り着いたところは、ジェニファーが「地球最後の場所に案内する」と言っていたとおり、まさにそんなイメージの場所でした。

こんな辺鄙(へんぴ)なところにひとは来るのかしら？　と思っていたのもつかの間。ディナー開始の20時には、丸太イスにぎゅうぎゅう詰めに座らなければならないほどたくさんのひとが集まってきました。おそらく、40～50人ぐらいはいたでしょう。

夏のプロヴァンスは夜が長く、夜の8時といっても日本の夕方5時ぐらいの感覚です。やっと暑さも和らぎ、心地いい風が吹いてくる頃、ディナーが始まりました。

アペリティフのサングリアやピッチャーで出される白、ロゼ、赤ワインは飲み放題。前菜が6種。生ハム、レンズ豆、パプリカのオリーブオイル漬け、サラダ、パテ、ニンジンのサラダ。メインは豚の丸焼き、じゃがいも、サラダがつけあわせに出されます。

そして熟成度の違う山羊のチーズが20種類ぐらいと、ラベンダーのはちみつ盛りのプレート。最後は、ガトーショコラがデザートです。

どれも大皿に盛られ、前菜だけでもお腹がいっぱいになりそうなボリューム。青空レストランという雰囲気で、知らない人たちと隣合わせになり、みんなで一緒に食事を楽しみます。

集まるひとびとの会話に耳を傾けると、フランス語だけでなく、英語や違う言語が聞こえてきました。隣に座っていたカップルは、サイクリングをするためにニューヨークから来たそうです。ここまでも自転車で来て、ふたりともサイクルウエアを着ていました。ほかにも、このオーベルジュの噂を聞いてイタリアからわざわざ来たというひともいました。よくよく周囲を見なおしてみると、キャンプ感覚のひとたちはひとりもいません。みな、ここの「質」を求めて遠方から来ている、食や自然に対する意識が高く、こだわりを持つ層の集まりでした。

そのこだわりとは、「bio」です。私はジェニファーを〝bioテロリスト〟と密かに呼んでいるほど、彼女はひと一倍のこだわりと情熱を持っています。

bioとは、フランス語「biologique」の略で、「有機」または「オーガニック製品」と同じ意味と考えてもらえるとわかりやすいと思います。

人間の体に、そして地球にも優しいという理由でbio製品はフランスだけでなく、ヨーロッパ中で注目を浴びています。

現在、ｂｉｏ商品を購入するフランス人は、２人に１人といわれ、その人気は拡大中です。それだけ自分たちが毎日口にするものに対してひと任せではなく、きちんと責任をもっている証拠なのでしょう。

ジェニファーは、そのエキスパートといっても過言ではありません。彼女はあるきっかけから口にするものだけでなく、生活すべてをｂｉｏに変えたのでした。

何かひとつ、とことん追求してみる

私が彼女と出会ったきっかけは、わが家の別荘があるプロヴァンスの片田舎に、ジェニファー一家が引っ越してきたことでした。わずか人口１００人ほどのこの村にお店は一軒もありません。だれがいつ買い物に出かけ、どこの家に友人が遊びに来ているかなど、すべて筒抜けです。

そこに5人も子どもを連れたカップルが引っ越してきたとなったら、村じゅうのトップニュースになるのは当然です。ジェニファー家族は数年前からこのあたりでバケーションを過ごしながら、理想の物件を探していました。そしてとうとう見つけたのが、この村だったのです。

ジェニファーは、沖縄生まれのアメリカ人。現在はフランス人のダビッドと結婚し、フランス国籍を取得しています。

子どもたちは全員男の子。この本を書いている現在、13、11、8、5、3歳と元気な子たちが勢揃いです。彼らはパリで生活をしていましたが、育ち盛りの5人の男の子たちをパリで育てるのは無理と判断し、田舎暮らしを選んだそうです。

家のスペースの問題だけでなく、仕事に追われる証券マンだったダビッドは子どもと過ごす時間がほとんどなく、成長を見届けることができない寂しさや、夫婦間のコミュニケーションレス、また毎日口にする食材に対して疑問を持ち始めたことなどが生活の場を見直すきっかけでした。

こうしたことは、都会で生活するひとたち共通の課題でしょう。多くの都会生活者は「このままでいいのだろうか」という疑問、不満を抱えながらもそのままの生活を続けています。

ジェニファーたちは違いました。自分たちが望む幸せを追求するために移住を決意し、仕事を辞めて田舎へ引っ越したのです。

勇気のいる決断だったと思います。でも、そのおかげでbioの専門的知識を得て、その知識や経験をもとに著書を出版したり、インターネットで自分たちの田舎暮らしを世界中に紹介したり、伝統的なレシピの窯焼きパンを限定で販売したりしています。

都会では絶対にできない、こうしたオーガニックな暮らしは、パリやその近郊に住んでいたら不可能です。彼女は、都会の利便性や経済的安定よりも、自分自身の信念にもとづき、思い切った決断と行動をとったおかげで、独自のスタイルを確立し、ひとから注目される存在にまでなったのです。

子どもを産みやすい国、フランス

ジェニファーがこんなことを言っていました。

「ほとんどの父親は仕事が忙しいから、日中子どもと遊ぶことなんてできないのよ。でも、ダビッドはこうやって毎日子どもたちと遊べるの。以前だったら考えられないことだわ。私たちって、幸せね」

自分たちの人生だから自分たちでつくりあげ、子どもたちの成長も毎日見守っていきたいと話してくれました。

ふたりは、最初から子どもはたくさん欲しかったそうです。

最初の子どもができたことをきっかけにジェニファーは仕事を辞めました。現在フランスの出産率は女性ひとりあたり2・03人と、ヨーロッパではアイルランドについで2番目に高い出産率となっています。

フランスが一世紀かけて少子化問題に取り組み、他国に比べてより出産、子育て、仕事をしやすい環境に整えたことが、こうした結果につながったのです。

日本も、少子化問題や女性の活躍は重要なテーマです。フランスはどんな政策で少子化対策を行ってきたか、簡単に紹介しておきましょう。

- 出産費用：妊娠出産から産後のリハビリテーションを含め無料。
- 学費：高校までのほとんどの費用は無料。
- 家族手当：所得制限なしで20歳になるまで支給される。
- N分N乗方式：3人以上の子どもを育てている世帯に対して、大幅な所得税減税がある。
- 家族補足手当：第3子から支給される。
- 職業自由選択補足手当：労働の有無や、労働時間数を選択することができる。

など、一例をあげただけでも、女性が出産や子育てのために犠牲にしなければならないさまざまな弊害を取り払った結果、現在は3人以上の子どもをもつ家庭が増えてきているのです。

実際フランスに住んでいる、元アナウンサーの中村江里子さんや、モデルの後藤久美子さんも3人のお子さんを育てていらっしゃいます。

「安い」はヘルシーじゃない

ジェニファーがｂｉｏに興味を持つようになったのも、子どもたちの成長にかかわる大きな問題だったからでした。

現代は選べる時代です。だからこそ正しい知識を持ち、自分たちの目で確かめる必要があります。

パリでは手に入りにくかったｂｉｏ商品も、田舎なら楽に手に入り、目で確かめて購入することができます。この村の人たちが買い物に行く隣街には、週に1度、ｂｉｏ商品だけを扱ったマーケットがたちます。

また、自分たちで野菜を栽培したり、手づくりしたりすることが簡単です。

ジェニファーは、フランス人が主食とするパンにこだわり、粉の種類や調合について研究を重ね、またダビッドが3年かけてパン焼き窯のある小屋を建て、現在はそこで毎日パンを焼いています。

一日に焼ける数は限られていますが、その評判が評判を呼び、高級ホテルやレストランからの問い合わせが絶えないそうです。伝統的なレシピで、ｂｉｏ素材のみを使い、薪の窯で焼くパンは、しっかりとしたパン本来の味が口の中に広がり、体の細胞ひとつひとつが元気になっていくのがわかります。

日々研究を重ねながら焼き続けているそうですが、子どもたちも手伝いながら、毎日パン作りをしています。将来的にはインターネットで都心に住む人たちにも届けられるようにしていきたいと語っていました。

ｂｉｏ商品は決して安くはありません。素材にこだわっているぶん、通常の商品に比べて10～20％ぐらい高額です。ジェニファーがバターを例にあげて説明してくれたことが、とても印象に残っています。

「このバターは有名なブランドの高級品だけれど、体にいいものは入っていないの。だから1カ月も保存がきくわ。こちらのバターは、無名だけれど新鮮で体によいものばかり使われているから、賞味期限はたったの1週間しかないのよ。

石油がつくった体と、自然がつくった体。ユリエならどちらがいい？」


食にまつわるこだわりは、凝り始めたらきりがないと考える人もいるでしょう。

でも、簡単で便利になった時代だからこそ、安くて簡単なものには落とし穴があるのではないか――。ジェニファーの言葉から、そんなメッセージを受け取りました。

賞味期限が長いものは、何らかの化学的な加工がされています。

その代表的なものに、食品添加物などに使われる石油があります。自然のままの食品を食べてきた体と、石油を使った人工的な食品を食べてきた体。そのどちらをあなたは欲しいか、とジェニファーは言っているのです。

当たり前のことですが、私たちの体は毎日口にする食べ物でできています。女性ならだれでも、美しく健康的な体や肌、髪をキープしたいと思いますよね。

そのためにいちばん大切なことは、質のいい食事をとることです。

何も高価なものでなくてもいいのです。レトルトやインスタントなどの既製品はできるだけ避け、新鮮な野菜、良質なタンパク質を選び、自分で料理をする。そうした食生活の心がけが、あなたの健康と美をつくるのです。

石油でつくった体と、自然がつくった体。
私はもちろん、自然がつくった体を選びます。
あなたはどちらを望みますか？

Story 9

「いやな予感がしたから、その手前で船を降りたの」

リディア　55歳

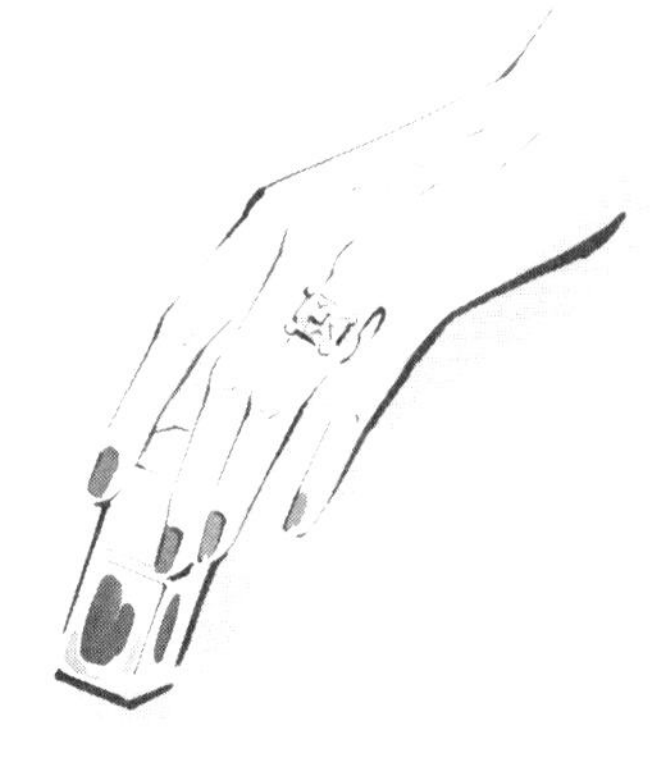

J'ai eu un mauvais pressentiment.
Je suis donc descendue du bateau avant
l'arrivée au port prévu.

他人を羨むのは表面しか見ていないから

フランス＝シャトーというイメージが強く、お城暮らしに憧れていた私は、リディアと出会ったばかりの頃、古城に住むその生活を羨望のまなざしで見ていました。

現在55歳の彼女は、ブルゴーニュ生まれのブルゴーニュ育ち。生粋のブルゴーニュ人です。彼女は、学生時代からおつきあいをしていた同じブルゴーニュ出身のジャン・クロードと結婚をしました。

彼は古城育ちです。この古城はジャン・クロードのお父さまが所有されていたもので、戦後しばらくの間は学校として開放され、のち放置されたままになっていた建物を、家族で少しずつ修復していきました。リディアは彼との結婚がきっかけで、その古城で生活を送ることになったのです。

結婚してから古城で生活を始めたリディアにとっては、違った意味で新たな生活だったそうです。

1600年代に建てられたこの古城には、長い歴史があり、すべてを大切に扱いながら受け継いでいかなければなりません。

古いものを愛せるひとでないと務まらないでしょう。たとえば、この部屋は必要ないから改装するとか、取り壊したりすることは勝手にできません。自分たちが所有する物件でありながら、制約されることが多いのです。また、古城との相性もよくないとなりません。

古城に興味があり、物件見学を何度もしている私でしたが、リディアの暮らしぶりを聞くうちに、端から見ていると優雅で羨望の的になりがちな古城暮らしには、さまざまな苦労があることを知りました。

このことから、イメージや表面的な部分だけで判断しては自分を貧しくすると戒めたのです。

「意外性」がひとを魅力的にする

リディアの家族は古城の最上階に住み、建物の一部はシャトーホテルとして宿泊客を受け入れています。数百ヘクタールある庭には、プールとテニスコートがあり、セスナ機が置かれ、大きな倉庫には数十台のクラシックカーが並んでいます。

これらはご主人ジャン・クロードの趣味。じつはジョンが所有していたクラシックのロールスロイスを譲ったことがきっかけで、共通の趣味を持つ男性同士の交流が始まりました。それ以来、私たちが車でパリへ行くたびに、必ずここに1泊するようになったのでした。

ジャン・クロードの関心はクラシックカーやセスナに集中していて、どちらかというとファッションには無頓着といった感じです。

それに比べてリディアは相当なファッショニスタ。金髪で小柄な彼女は、クラシカルな雰囲気を持ちながら、最新のファッションを着こなしています。年に数回会うぐらいでしたが、そのたびに彼女の着ているファッションに興味を持ちました。

あるとき彼女のコートが素敵だったので、どのデザイナーの作品か聞いてみると、「KENZOよ」と意外な答えが返ってきたのに驚きました。

彼女のような生粋のフランス人タイプの女性だったら、自国の老舗ブランドである、クリスチャン・ディオール、エルメス、セリーヌといった名前が上がるかと思っていたからです。

これまで、KENZOのデザインが私好みではなかったのですが、このようなマダムたちからも支持を受けているのかと思ったら、KENZOを見る目が少し変わったのも事実です。

また別の日、リディアが真っ黒なネイルをしていました。いつも爪の手入れが行き届いている彼女がブラックネイル！　驚きました。

私にとってブラックは、ヘビーメタルのミュージシャンが好むイメージだったのです。でも、古城生活の厳しさを知ったときに気づいたことと同じく、KENZOにしろネイルにしろ、私の固定観念でしかありません。外見だけで人のイメージを決めつけることは自分の考えが狭いことを認めているようなものです。

私にとってヨーロッパの魅力のひとつは、「意外性」だと思っています。ひとの魅力もそう。想像していたのと同じタイプのひとより、こんな一面があるのかと驚く意外性、ギャップがあったほうが魅力に感じます。まさにリディアには、たくさんの意外性が隠れていたのでした。

直感はほぼ100％正しい

だれもが憧れるような素敵な生活をしている彼女ですが、実際の古城暮らしは「まるで牢獄にいるみたいよ」と言っていました。

シャトーホテルを経営しているため、オンシーズンは家族旅行で古城を空けることができないからだそうです。そのかわり12月〜3月のオフシーズンはホテルを閉めて、家族でロングバケーションに出かけます。

彼女たちは2年前の冬に大型客船で地中海クルージングを楽しんでいたとき、昨年までと客層が変わり、サービスの内容が低下したことに不満を感じたそうです。我慢しきれなくなったリディアはご主人と相談をして、予定より早いマルセイユの港で下船することにしました。

その後、なんと、その船はイタリアのフィレンツェ近くの港で大事故を起こし、沈没してしまったのです。この事故は衝撃的なニュースとして世界中に流れました。

リディアは報せを聞き、

「なんとなく嫌な予感がしたから、その手前で船を降りたの。自分の気持ちに正直でよかったわ」

と、私に話してくれました。本来はイタリアまで行く予定だったけれど、それをキャンセルして、本当によかったと。

彼女が自分の直感を疑わず、本能で察知したことを信じて行動した結果でした。

私はある日、南仏にある古城専門の不動産担当者の方に連れられ、2軒の古城見学に行きました。その日はとてもよく晴れた初夏でした。

1軒目の見学が終わり、2軒目の物件に移動しようとした瞬間からです。いままでまったく風も吹いていなかったのに、急に強い風が吹き始めました。

大丈夫かしら？　と心配しながら車を走らせました。目的の古城へ着いたときは、さらに激しくなっていました。ミストラルと呼ばれる、突然の嵐に見舞われたのです。

雨は降らず、強い風だけが吹き荒れていました。建物のなかに入るためにメインのドアを開けようとしたら、風の抵抗で開きません。仕方がないので、裏ドアから入ることに。日中だったので電気がついていないせいか、薄暗く少し気持ちの悪い雰囲気に感じました。

そして城内を案内されながら、メインの廊下に差しかかったとき、一瞬動けなくなってしまったのです。

その廊下には、この古城に関係する方々の胸像が20体ほど飾られていました。なかでも真正面にある胸像が、「何しに来た？」とでも言わんばかりに、私をじっとにらんでいることに気づいたのです。

胸にはたくさんの勲章をつけ、ひげが立派な初老の胸像でした。

廊下の突き当りのメインに飾られているこの像は、この古城にとって重要な人物だったに違いありません。

背中に寒気が走りました。私はこの古城に歓迎されていないと悟りました。

案内の途中で「もう結構です」とお断りをして、その古城を去りました。

不思議なことに、城の門を出て、車に乗った瞬間にミストラルはおさまり、古城から遠くなればなるほど、青空が広がっていきました。

「なるほど。私は呼ばれていなかったんだ」、そう思いました。

数百年前に建てられたお城には、それぞれにたくさんのストーリーやエスプリが残っているはずです。

特にこの古城とはご縁がなく、相性が悪かったのだとすぐに理解できました。

嫌な予感がしたときは、潔くあきらめることも大切です。

人生は選択の連続です。後悔のない選択をするためにも、物事に対して敏感になり、直感力を磨いておきましょう。

Story 10

「しわの数だけ、私は戦ってきたわ」

アナリーセ　78歳

Le nombre de mes rides,
c'est celui de mes victoires !

人生、いいことも悪いこともあるから面白い

イタリア人のアナリーセは、80歳近い年齢ですが、いまも車を運転してヨーロッパ中を移動しています。

1日の走行距離が500キロを超えるのは普通で、オーストリアからモナコまで900キロ以上を一夜にして移動してしまうこともざらです。

想像してみてください。もう少しで80歳というおばあちゃんが、東京から広島まで一夜にして走り切るのです。それも年に一度とか一生に一度という一大事ではなく、日常の移動として行なっていることに、私はちょっとした感動を覚えました。

大陸のヨーロッパでは、車での移動がしやすいように高速道路の整備が進んでいます。

ヨーロッパのスピード制限は130㎞/hが一般的ですし、フランス国内の一部の高速料金は無料。スイスやスロベニアは走行距離に限らず一律料金と、一般的にヨーロッパの高速料金は日本よりもはるかに安いのも特徴です。

また、長距離を走る車のために、レジャー施設やホテルも完備されていて、高速道路から降りなくても、気分転換や宿泊は簡単にできるようになっています。

そんな自動車大国のヨーロッパで、ドライブを楽しむアナリーセの愛車は、イタリアを代表する車メーカー、FIAT（フィアット）社のABARTH500（アバルト500）。

彼女の名前はAnneliese Abarth（アナリーセ・アバルト）。名前からもわかるように、同じ名前の車に乗っています。彼女はこの車をつくった、Carlo Abarth（カルロ・アバルト）氏の妻として活躍してきた女性なのです。

ご主人のカルロはレーサーであり技術者としても自動車の世界で名を馳せ、自動車メーカー「アバルト」の創始者として世界的に有名な存在になりました。

チューニングパーツ販売を主力に、経営上の困難を乗り越えて、スポーツカーやレーシングカーを販売し、さまざまなレースにおいて圧勝していきます。そんな会社にとっても、アバルト家にとっても重要な時代をご主人とともに歩んできました。

ご主人の仕事柄、アナリーセはヨーロッパ中のレースにかかわり、彼女の存在はモータースポーツの世界に華をもたらしました。

1950年代はアバルト社の成功により、もっとも輝かしい日々を過ごしたそうです。しかしそれと同時に、つねに挫折と再起が繰り返されました。

そんな波瀾万丈なご主人を支えてきた彼女は、夫とともに苦労を乗り越えてきた人生を誇りに思っていると言います。

困難があれば、立ち向かう。それが険しい道であればあるほど、彼女をどんなにしなっても折れない竹のように強くさせてきました。

ご主人が亡くなられたあとの苦労は、さらに過酷なものでした。まだカルロが存命中の1971年、フィアット社に買収され、契約上のトラブルから10年近く裁判を行っているのです。それは「ここだけは譲れない」というアバルトの心臓部のような部分ですが、積極的な協力者はあまりおらず、アナリーセほぼひとりで戦っている状態です。

裁判をしたり、対立することは、精神的にも体力的にもエネルギーを使います。アナリーセの年齢でそれを10年近く続けているのは相当の強さがなければできません。

あるとき、彼女の家に招かれ、ディナーをご一緒したときのこと。何時間もかけて煮込んだ滋養たっぷりの牛肉のスープをいただきながら、こんなことを話してくれました。

「人生はいろいろなことが起こるわ、よいことも、悪いことも。でも両方あるから楽しいの。私はたくさん戦ってきたわ。そして、これからも戦いつづけるつもりよ」

——栄光と挫折。それも、上も下も天井からどん底とまさにジェットコースターのような波乱の人生を歩み、現在も戦いの真っ只中にいるアナリーセのこの言葉は私の心にずっしり響きました。

「私には守らなければならないものがある。守ることは戦いでもあるのよ」

アバルトが築き上げてきた伝統とプライドを守るため、これからも戦いつづけるというアナリーセ。

「歳を重ねて、たくさんのシワを刻んできたけれど、私のシワは誇りなの。だって、このシワの数だけ戦ってきたのだから」


彼女の自宅の玄関には、アバルト全盛期の若い彼女の肖像画が飾られていました。眩いばかりの宝飾品を身にまとったアナリーセの凜々しいお顔立ちが印象的です。でも、その頃よりもいまの彼女のほうが美しく感じるのは、華やかな人生の陰で、幾多の苦難、挫折を経験し、それを乗り越えてきたという自負が輝きをもたらしているからでしょう。

そして、これからも自分が大切にするものを守るために、戦って生きていくのだという気力、覚悟が、80歳を目前にした彼女に老いる隙を与えないのだと思いました。

自分のしわを誇りに思える人生を

「守ることは戦うこと」

これは、女性の生き方にも通じるところがあるのではないでしょうか。

日本の価値観のなかで生きる私たちは、「女性はこうあるべき」というさまざまな常識にとらわれたり、調和を重んじて他人と違うことを避けたりしがちです。しかし、それは自分の本心から出たものではありません。本当はどう生きたいのか、どんなことがあっても譲れないものは何か……。だれしも、守るべき大切なものがあるはずです。

それを守るために、ときに戦わなければいけないときもあるかもしれません。

私にとってプライドやキャリアなど自分自身のことを守る以前に、愛する息子や家族との幸せを守ることを最優先に生きています。

私の息子ウィリアムは5歳から8歳の間、柔道を習っていました。日本の文化を体で学んでほしいという願いからでした。

3年ほど通ったのですが、突然、ウィリアムが「やめたい」と言い出します。「柔道じゃなくて、空手をやりたい」と言うのです。

理由を聞いてみると、「空手は自分からアタックするスポーツ、柔道は守るスポーツ。僕はアタックする空手がやりたい」と。さらに、なるほどなあと感心したのは、歴史の授業で学んだことから自分には空手が必要だと思ったということでした。

「日本は守ってきた国かもしれないけれど、フランスは戦って成り立っている国なんだよ、ママ。ナポレオンはアタックして戦いつづけてきたから勝利を得てフランスという国を治めることができたんだ。僕は日本人じゃないから、アタックしなければいけないんだ」

結局、ウィリアムは空手をやる前に出会ったテニスに夢中になり、いまはテニススクールに通っていますが、アナリーセの「戦って生きる」という生き方は、フランスという国柄もあるのかもしれないと思いました。

自分の生き方を貫くために、戦っていないと保てない。ご主人が遺した会社も、ただ受け入れるだけでは、守りたいものが守れない。だから、「私は大切なものを守るために戦う」という生き方になったのでしょう。


もちろん、自分の主張どおりにはいかないこともあるでしょう。でも、彼女だけに限らずフランス人は、まずやってみる、まず言ってみるというスタイルです。

日本は調和を重んじる国。空気を読んだり、語らずとも察する文化に長けていますが、フランスは違います。「言わなければわからない」「言いたいことはきちんと自己主張すべき」という国です。

フランスに留学したばかりの頃、22歳までずっと日本で過ごしてきた私にとって、フランス人の自己主張の強さはかなりのカルチャーショックを受けました。すべてをフランス流にするのがいいとは私は思いません。対立を避け、和を尊ぶ日本の文化は素晴らしいと思います。

フランスと日本、それぞれの違いを理解し、受け入れたうえで、では自分はどんな生き方、考え方を大事にするか。漠然と、フランスに憧れ、フランス女性の生き方やファッションをマネるのでは、自分を確立することはできません。

自分は何を選ぶのか。何を守りたいのか。そこをしっかり見つめたうえで、選び取ったものは、ほかのだれのものでもない、あなたというひとりの女性だけの生き方です。

選び取るまでには、葛藤や紆余曲折があるでしょう。でも、それらのすべてが、あなたの人生の勲章に変わるときが必ずやってきます。

「自分のしわを誇りに思う」

そう凜としたまなざしで語るアナリーセと同じ境地に、きっと立てるはずです。

Part 3
Love & Life
本能のままに愛せよ

Story 11

「昨日、祖母が6回目の結婚をしたわ！」

アナ　29歳

Hier, ma grand-mère s'est mariée.
C'est son sixième mariage !

怒るか笑うか、考え方ひとつ

息子の家庭教師として毎週自宅に来てくれる、アナ。まだ20代の可愛らしいお嬢さんです。彼女は教師を目指して学校で見習い兼お手伝いをしています。

南仏の人々は、ラテン系の血が流れているからでしょうか。気性が激しく、時間にルーズな人たちがほとんど。というよりも、それが普通です。そんな人たちのなかで、アナはとても穏やかな性格で、時間をしっかり守る希少なタイプです。

時間にルーズなフランスに来てから、私はすべてに対してイライラしなくなりました。たとえば、バスや電車を待っているとき、日本だったら定刻に到着して当たり前ですが、こちらは遅れてくるのが当たり前。ちなみに、このあたりに走っている電車は地方列車でメトロはありません。バスはモナコ内を走るバスと、コートダジュールを周遊するバスがあります。

なんのアナウンスもないまま、突然その便が来ないこともあります。ですから、電車が到着したときは「来てくれてよかった」と考えるように変えました。

だって、私以外の地元のひとたちにとってはそれが当たり前で、だれひとりとして文句を口にしているひとはいません。そのことに気づいたとき、私だけイライラしているのがバカらしく思えてきたのです。

「遅れるのが当たり前。定刻に到着してくれたらラッキー」

そう思っていると、まったく苛立ちません。むしろ、時間どおりに来てくれたときの喜びは、まるで夢でもかなったかのようです。

怒るか笑うかは、考え方ひとつなのですね。

アナも時間に厳しいタイプなので、遅れるかもしれないことを前提に、つねに余裕を持って行動することを心構えにしていると言っていました。フランス人にも、そういうタイプのひとがいるかと思うとホッとします。

こんなことひとつとってみても、日本は素晴らしい国だなと誇りに思います。しかし、そればかりに慣れてしまい、常識だと思い込んでいると、海外に出たときに大きなショックを受けることになるでしょう。海外では何が起こるかわかりません。つねに置かれた環境や状況に柔軟に対応できるようにしておきたいものです。

少し話がそれましたが、アナはニース生まれのニース育ち。生粋のニソワーズです。

小柄な彼女はお顔はとっても小さいのですが、ボディにはボリュームがあります。ヨーロッパの女性によくある体型です。座っているとお顔しか見えないのであまり気づきませんが、立ち上がるとボリューミーなのに少し驚きました。

もちろんお年頃ですから、スタイルのことを気にされていて、おやつに用意しているマフィンやクレープを食べることはほとんどありません。いつもダイエットやファッションの話題を持ちかけてきます。

「結婚しよう！　何回でもしよう！」

ある日、アナがレッスンの後に、

「昨日、祖母が6回目の結婚をしたわ。とても幸せそうだった」

と息子に話していたので、思わず彼女の顔をうかがってしまいました。

「ろっ、6回目の結婚式⁇」

聞き間違えたかと思いました。70代後半のお祖母さまは、先週末友人たちを招いて、結婚式を挙げられたそうです。

近年、フランスでは正式な結婚という形をとらずに生活するカップルが増えています。

結婚しても離婚するカップルが増えるようになり、結婚に対する考え方に変化がみられます。

フランスは離婚がとても困難な国です。行政や宗教上の手続きが必要となり、時間と費用がかかります。ですから、結婚よりも法的制約が少ないけれども、パートナーとして優遇措置が受けられる、連帯市民協約（通称ＰＡＣＳ）婚を選ぶカップルが増えているのです。

そんな社会にもかかわらず、アナのお祖母さまは6回目の結婚を迎えられました。それを聞いたとき、なんてパワフルなマダムなのだろうと感嘆しました。正直、この年齢になってくれば、わざわざ式を挙げなくても、一緒に晩年を過ごせばいいのではと思いがちです。でも、お祖母さまはそうではない、とおっしゃいます。

お祖母さまは数多くの恋愛を経験し、過去のご主人とは、死別や離別を迎えてきました。過去にはロマンティックな恋、プラトニックな恋、純粋な恋と豊富な恋愛をしてきました。「私は恋に生きる女なの」とお祖母さま。

自分に正直な方で、嘘や偽りの人生を歩みたくないから、何度でも結婚を繰り返すのでしょう。周囲の目を気にすることなく、まさにご自分の人生を楽しんでいらっしゃいます。

最近は一度や二度、苦い恋愛経験をしたからといって、「もう男性とはおつきあいしたくない」、とか、「結婚は封印した」とおっしゃる女性が多いことに驚きます。

女性が強くなり、ひとりでも生きられる時代になりました。でも、私はせっかくこの世に生まれてきたのだから、愛するひととの人生を歩んでいただきたいと思います。

「結婚」という制度に違和感がある方は、形にこだわることはありません。お伝えしたいのは、人生はひとりで生きるより、パートナーが一緒のほうが絶対に豊かだということ。細かいことを言い出したらきりがありませんが、よいことも、いやなことも、全部楽しくしてしまえばいいのです。

こんなことを言うと軽率に思われるかもしれませんが、うまくいかなかったら、もう一度やり直せばいいではありませんか。失敗あってこそ、豊かな人生になるはずです。

海外に比べれば、日本は離婚の手続きはそれほど煩わしくないと思います。

失敗を恐れて踏み出せずにいる方がいらっしゃるとしたら、

「結婚しよう！　何回でもしよう！」

という言葉を贈ります。女として生きる喜びを共有しましょう。

私は国際結婚をしています。20代は海外留学をしていたので、外国の方と出会うのはごく自然なことです。しかし結婚となると、別問題です。お互いの家族のこと、住む場所、文化や語学の違い……。同じ国籍同士の結婚とは異なり、とても複雑になります。でも、考え過ぎていては何も始まりません。

私もまだ若く、愛しあっていたので、安易かもしれませんが「ダメでもともと」というような気持ちで結婚に踏み込みました。それがよかったのでしょうか。私たちは結婚15年を迎えたいまも、仲良く一緒に生活をしています。あまり重く考え過ぎていたら、国際結婚は継続していなかったかもしれません。

海外で生活していると、アナのお祖母さまのように6回も結婚されている先輩にめぐりあい、勇気が湧いてきます。それに、ここまで楽しく人生を謳歌することができたら、最高に幸せではないでしょうか。

フランスのスローガンは、

「Liberté, Égalité, Fraternité（自由・平等・博愛）」

です。フランスは〝愛〟の国であり、フランス人は〝愛〟に生きるといいます。

私たち日本人はどうでしょうか。表現の仕方は違っても、求めるものは同じなのではないでしょうか。女性として、自分自身を愛し、他人を愛することに、喜びと幸せがあると私は信じています。

アナは今年で息子の家庭教師を一度止めることになりました。母親になるからです。出産後はしばらくの間仕事を休むとのこと。彼女は独身です。あまり深く聞くことは控えましたが、シングルマザーになるそうです。

それもひとつの愛のかたちなのでしょう。

ひとはだれもが愛を求め、いくつになっても愛しあいたいのです。

恋愛は年齢には関係ありません。だれかを愛する。それが人間本来の姿なのです。

Story 12

「恋に恋したらダメ。男に恋しなさい」

ギレーヌ　60歳

Ne soyez pas amoureuse de l'amour.

Soyez amoureuse d'un homme et aimez-le !

物質的なＲＩＣＨより、心のＲＩＣＨ

日本をベースに仕事をしていたある年の12月なかば、モナコに住む主人のジョンから連絡がありました。

「今年のクリスマスはウィリアム（私たちの息子）を連れてキッツビュールに行ってるから、直接そこに来るように。駅までは迎えに行くよ」

いつものことではありますが、突然の連絡にびっくりしている暇もないまま、オーストリアのチロル州にあるキッツビュールの場所をインターネットで検索。とりあえずドイツのミュンヘンまで飛行機で飛び、あとは列車で行こうと決めました。

出発まで2日と時間がなく慌てていた私は、ミュンヘンに着いてから観光案内所で目的地までの行き方を確認しました。街はすっかりクリスマス色に包まれています。いま考えれば、よく辿り着いたものだと自分でも驚く旅でした。

いくつか列車を乗り継ぎ、最後に乗った電車は登山電車でした。スーツケースを抱えているのは私だけで、ほかの乗客はスキーウエアにブーツをはき、ボードをかついで乗り込んできます。止まる駅はほとんどがスキー場で、そのまま滑っていくひともいて、なんとも不思議な光景です。そしてやっとの思いで辿り着いたキッツビュールの駅には、ジョンと息子、そしてギレーヌが待っていてくれました。

「よく来たわね、ユリエ！」

ギレーヌの大きな笑顔に、道中の不安や疲れは一気に吹き飛びました。何事も達成した時点でそれは過去の出来事となります。過ぎ去った不安を心を引きずられるより、これからの楽しい出来事を想像してワクワクしました。

ギレーヌはジョンの30年近い友人で、家族のように仲良くしています。スピリチュアルな志向を持っている彼女は、私との出会いをいつもこう語ってくれます。

「ユリエと会った瞬間、すべてわかりあえた気がしたわ！」

西洋文化と東洋文化では、生活様式、教育、考え方など異なることが多くあります。しかしその枠を越えて、すぐに私とわかりあえたと言ってくれるギレーヌは、地球上に境線はなく、人種、年齢、性別の壁はないと感じさせてくれます。

彼女からもたくさんのことを学びましたが、そのなかでいちばん心に残っているのは、人生において本当の意味での「ＲＩＣＨ」とは何かということです。

物質的な意味を表すことが多いこの言葉。彼女はそうした即物的なことではなく、「心の豊かさ」を表現しています。

現代はコンピューターやインターネットを使わなければ仕事ができないような時代ですが、そればかりに没頭していると、バランスの悪い人間になってしまうと言います。ウィークデーは仕事をして、週末は自然のなかで過ごすライフスタイルを送っているギレーヌ。

「特に海水に入ることは大切なことよ。日頃浴びている目に見えない電磁波とか、体に不必要なものを洗い流してくれるから」

人間は自然の法則のなかで生きているため、それに逆らえば心と体のバランスを崩してしまうと説明してくれます。

人生をシンプルにする秘訣

モナコ周辺のコート・ダジュールには、小石や砂利の海岸線が続いています。

あるとき、ギレーヌが言いました。「最近SPAのメニューに、ホットストーンマッサージを見かけるけど、このあたりは自然のホットストーンがいっぱいだから、わざわざお金を払って施術を受ける必要なんてないわよね。だってこれがその原型（もと）なんだから」

このように、何気なく聞いている話でも、「あっ、そうかっ！」と目が覚めるような気にさせられることがあります。

世の中にはひとの手によってつくられていることがたくさんあります。それらには必ず〝原型（もと）〟となる自然物があるはずです。

たとえば、最近日本でもヨガが大流行しています。どこに行っても〝ヨガ教室〟という看板を目にします。

ダイエットやストレッチ目的にヨガを始めるひとも多いようですが、本来ヨガは心を落ち着かせて、深く深呼吸しながら自己との対話をする、心身の調整・統一を目的とした修行法です。

ポーズや身体の柔軟性ばかりを追求するのではなく、本来の原型を理解したうえで日常生活にヨガを取り入れると、雑音の絶えない現代社会から距離を置くことができ、自分の心の声を聞くことができるようになります。

ウエアや教室に凝るのもよいですが、目の前の流行だけに操られないように、もともとの姿を見極める目を養うべきです。

でも、ほとんどのひとはそのことに意識が向かなかったり、忘れてしまったりしています。

もうひとつのたとえで、私は、ヨーロッパに来てからお米を炊飯器を使わずにおいしく炊けるようになりました。

モノに溢れているこの時代に、炊飯器のない日本家庭は少数だと思います。

私自身、ご飯は炊飯器で炊くものと認識して育ちましたが、お米を主食としないヨーロッパには、炊飯器はほとんどありません。

そうした環境もあり、鍋で炊くことを学んだのですが、短時間で炊けるうえ、火力のコントロールさえコツを習得すれば炊飯器よりおいしく炊きあがります。

現代は何かと便利なモノに頼りがちですが、大本のしくみや原型を知っていれば、不便のない生活を送ることができるでしょう。

これらの例が教えてくれるのは、〝原型（もと）〟さえ理解できれば、人生に起こるすべてのことに慌てず、振り回されずに賢く生きることができるということです。

太陽や月を見るゆとりを持つことや、海や山などの自然のなかで過ごすことは人間にとってもっとも大切な時間です。

「ＲＩＣＨ」な人生に欠かせないもの、それが自然を取り入れた生活です。

そして、自然がもたらす豊かさを知っているひとは、すでに「ＲＩＣＨ」な人生を送られているのです。

小石のビーチを裸足で歩いてナチュラルな足つぼマッサージをしたり、食用オリーブオイルを体に塗って日光浴をしているギレーヌ。彼女を見ていると、わざわざ人工的なものを使わなくても、自然にあるもので十分美や健康をつくれるということを思い出させてくれます。

これらは、彼女のナチュラルライフのほんの一部に過ぎませんが、彼女が教えてくれるＲＩＣＨな人生とは、物事の本質を知ることであって、表面的なことに惑わされない、本当の意味で豊かに生きるということなのです。

彼女は子どもの頃、家庭で世界の料理を食べる日があったと話してくれます。

ギリシャ、アラブ、タイ……。そこには「日本」の日もあり、箸を使い、着物を着て食事をしていたそうです。

そうしたご両親の教育が、彼女に心の豊かさを実らせていったのでしょう。国籍はオーストリアですが、フランスのパリで育ち、イギリスに住み、スペインの血も受け継いでいます。

そんな多様な環境から、「世界」や「ひと」に対して自分と違うことにまったく抵抗がなく、むしろ好奇心のかたまりの明るさを兼ね備えています。

言葉もフランス語、英語、イタリア語、スペイン語、オーストリア語を流暢に使いこなすマルチリンガルです。

インテリアコーディネーターの彼女は、イタリアにアトリエ兼用のヴィラを持ち、デザインや制作に取り込んでいます。

彼女の顧客リストには、リンゴ・スター、モナコ公妃、オナシス家など、だれもが知っているような世界的著名人が並びます。

つねに公にさらされている彼らにとって、大切な時間を過ごすプライベート空間はとても重要でしょう。そのインテリアを任せられるというのは、彼女の力量はもちろん、相手に信頼感をもたらす誠実さや、明るいポジティブな人柄によるところが大きいに違いありません。内面は外見に現れ、それが彼女の作品として表現されていくのです。

「比べない」が幸せを呼び込む

彼女のまわりには、いつも素敵な人たちが集まり、週に一度はホームパーティーを開いています。おもてなし上手な彼女は、オーストリア料理、ラクレット、バーベキューと、だれもが気軽に楽しめるテーブルを用意してくれます。

私の友人がモナコに来ていることを知ると、ほぼ必ず心のこもったホームパーティーを開いてくれます。

ギレーヌは「家はそのひとの人生を表し、インテリアは生き方を表現している」と言います。

ヨーロッパのひとたちにとって最高のおもてなしは、高級レストランに行くことではなく、自宅にお招きすることです。

人気のレストランやお気に入りの場所に案内するのもよいですが、その方に敬意を表し、親睦を深める行為として、自宅でおもてなしをすることが最上級なのです。ことあるごとにホームパーティーに招いてもてなしてくれる彼女から、人生の豊かさを教えてもらいました。

ギレーヌはずっと独身です。これまで何度も恋愛を経験してきたけれど、「自分がやりたいことのほうがつねに優先だったから結婚はしなかった」とのこと。

昨年60歳を迎え、「結婚はこれからで十分だわ」と、余裕たっぷりに言います。

ああ、この人は、自分のやりたいことに忠実に生き、後悔などかけらもなく人生を送ってきたのだなと感じました。

いまは2人のボーイフレンドがいますが、

「この歳になると男性はみな結婚していて当たり前だから、すぐにアクションを起こすことはないわ。それよりもいまを楽しむことのほうが大事よ。

相手のことをつねに愛しているから、それだけで十分幸せ。私は欲しいものはぜんぶ手にしてきた。これ以上、求めるものはないわ」

そんな超然としたことを言えるのは、自分の足で生きてきたからこそなのでしょう。

フランス女性は、ヨーロッパのなかでも「強い」といわれています。

フランス女性の強さ。それは、自分をしっかり持っており、まわりにどう思われ、評価されようとも動じずに、自分が信じる道を貫ける「強さ」。意見をはっきりと言葉にして伝えることができたり、敷かれたレールの上を歩くのではなく、どんな険しい道であっても、勇気をもって自分の足で進んでいくことができる。

それがフランス女性らしい、しなやかな美しさです。

ギレーヌも、そんなフランス女性の気質をしっかりと持った強い女性です。

「女性がひとりで生きていくのは並大抵なことではない。確固とした意志と強さがなければ挫けてしまうわ」

彼女が言うように、だれかに頼って生きているだけでは、「自分は自分。他人のことは気にしない」という自我は持てません。

そして、こうした人間的強さに欠けた、自己確立できていない未熟なままでは、パートナーともうまくいかないだろうと私は思うのです。

「恋に恋したらダメ。男に恋しなさい」

揺るがぬ芯を持ったギレーヌのこの言葉は、情熱的になることは大切だけれど、自分自身をしっかりと持たないと恋愛もうまくいかないというメッセージに聞こえました。

日本では、いまだに男性が好きになるタイプの女性の上位に、「助けてあげたくなる女性」が上がるそうですが、そんな女性像のままでは、日本人男性の欲望を満たすだけで、女性自身の人生を豊かにしたり、魅力を磨くことにはなりません。

むしろ、お互いの意見を交換できる関係を築けることのほうが、人生の濃度が上がるはずです。受け身になることだけが素敵な女性ではなく、お互いを正面からぶつけあえるような関係のほうが、ともに成長していけるのです。

ときには意見が合わないこともあるでしょう。ときには相手の話に没頭することもあるでしょう。だからこそ、自分らしさを表現できるのです。

相手の言いなりに演じる必要はない。もっと大人な恋愛をするべきだとギレーヌが教えてくれました。

Story 13

「人生にブレーキはいらない」

ダリア　39歳

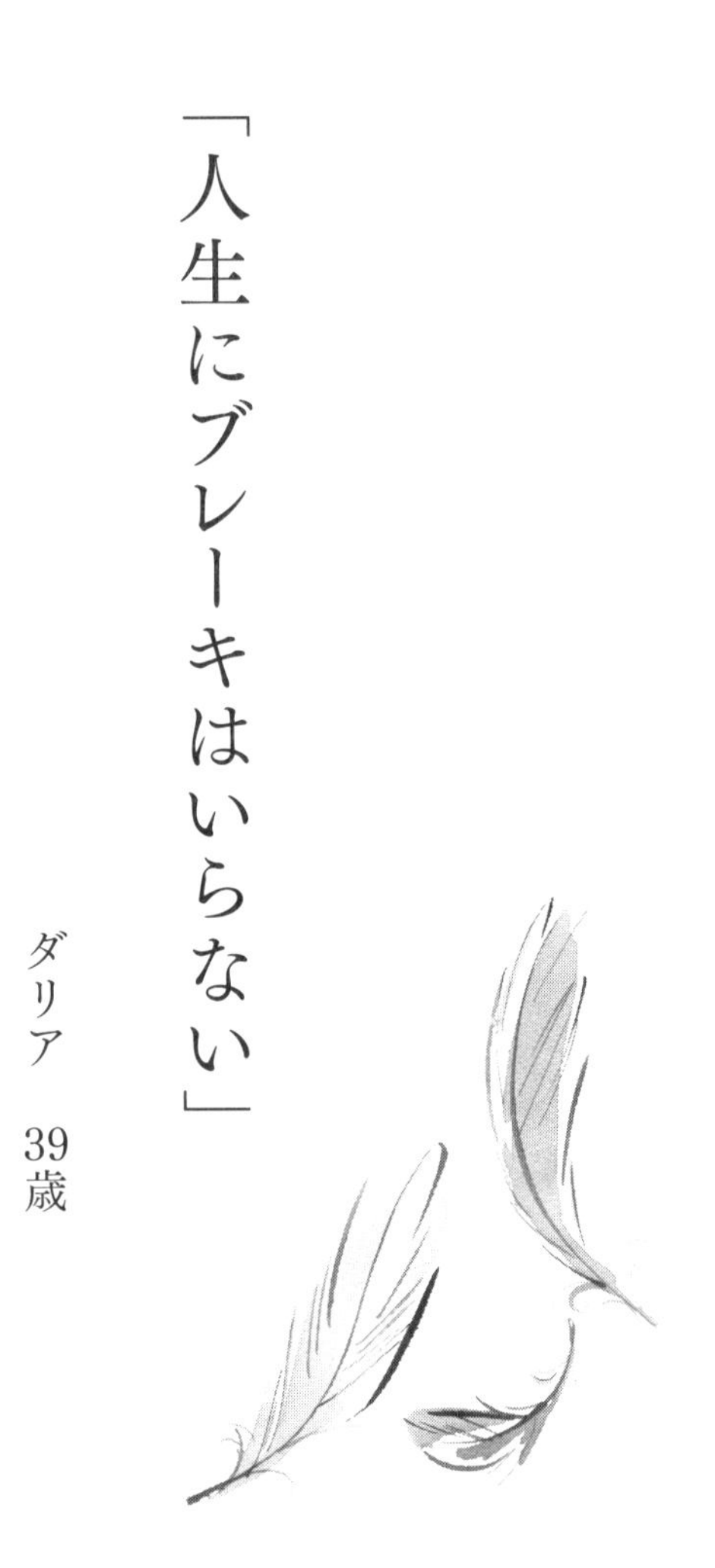

La vie n'a pas besoin de frein.

国が違えばマナーも異なる

「Ma cherie, 元気だった?」

わが家でのカクテルパーティーに14年ぶりに会う親友、ダリアが現れたのには心底驚きました。あとから知ったことですが、ジョンが私を驚かせようと思って、内緒で彼女を呼んでくれたそうです。

最後に会ったのは、まだ息子が生まれる前で、彼女はマルセイユの高台にある大きな邸宅に住んでいました。それは医者である年上のボーイフレンドの家でした。

当時のダリアはマルセイユのオペラ座で歌い始めたばかりの声楽家。ブロンドで目鼻立ちがはっきりしていて、年齢は私とそれほど変わらないのに、女っぽいセクシーさを感じたのを覚えています。

その後たくさんの苦労を重ね、40歳を目前にした現在、女性らしさにより磨きがかかっていました。

私たちの結婚パーティーに、彼女はボーイフレンドと一緒に来てくれました。

そのときのダリアの服装に驚いたことを覚えています。

結婚式後のパーティーにもかかわらず、彼女は真っ白なボディコンシャスなミニのワンピースにハイヒールを履いていました。まるでモデルのようなスタイルの彼女は、しっかり私より目立っていたのでした。

結婚式に白を着てくる?? 花嫁よりも目立つ??

日本ではタブーになりますよね。新婦が新郎に「あなた色に染まります」という意味で花嫁は純粋無垢の象徴である純白を着るわけであり、ゲストが真っ白な服を着てくるなんて考えられないことです。

しかし場所が変われば、ルールも違ってきます。地中海性気候で温暖なこの地域では、結婚式のパーティーに白を着ることは特に珍しいことではないのだそうです。


ヨーロッパに住み始めてから結婚式へ出席したことはありますが、葬儀に参列した経験はまだありません。

ただ、女優のオードリー・ヘプバーンのお葬式の日、彼女の最後を見送ろうと思い、教会まで行ったことがありました。

当日私はスイスの学校の寄宿舎にいて、彼女のことをニュースで知りました。意外なことに、世界的な女優さんの葬儀はひっそりと行われ、彼女はご自宅の向かいに位置する墓場に眠られました。

ヘプバーンは、私がヨーロッパに憧れ、世界へ飛び立つきっかけを与えてくれたひとでもあります。

晩年は静かに暮らしていらっしゃいましたが、葬儀にはお顔を拝見しただけですぐにわかる世界的スターたちが駆けつけていました。

ただそこでも驚いたことは、葬儀という厳かな場にもかかわらず、みなさんサングラスをかけていたことです。これはスターだからということではなく、参列されている多くの方々がそうでした。サングラスは失礼にあたるという認識がないのでしょう。

大切なものを失っても折れないために

14年ぶりに会ったダリアでしたが、そんなブランクをまったく感じさせないくらいすぐに話が盛り上がり、ガールズトークが止まりませんでした。

彼女のボーイフレンドはかなり年齢が離れており、まるで親子のように映ります。

正直、私は密かにヨーロッパのパトロンのような関係ではないかと思ってしまったくらいです。

パトロンというのは、ヨーロッパで特権を持つ人や、財政支援をする人が芸術家たちの支援、援助をすることです。歴史を振り返ると、レオナルド・ダ・ヴィンチ、ミケランジェロ、シェークスピアなど名だたる芸術家にはパトロンがいました。

アーティストたちはパトロンのおかげで作品に没頭することができ、名前を世に出していくきっかけをつくっていたのです。

嬉しそうにオペラを歌う彼女を見守る彼のまなざしが、私にはそのような存在に見えたのです。

しかし、久しぶりに会った彼女から聞いた話は悲劇でした。

彼との結婚を夢みていた彼女は、大きく裏切られてしまいます。彼はすでに結婚をしていて、別に家庭を持っていたことを隠していたのです。

それに、彼の仕事上の資金調達のために自分の名前を貸していたダリアは、大きな借金を背負わされることになってしまったと言います。

彼はある日突然消えてしまい、大きな邸宅も他人の手に渡っていました。行き先を失った彼女の絶望は想像に難くありません。

そんな失意のどん底にいるダリアの力に少しでもなりたいと、私は彼女がモナコで歌えるきっかけづくりに奔走しました。

オペラ座のディレクターを紹介したり、関係者に声をかけたりしたのです。彼女はそれをもとに、仕事をつかみたいという一心で必死で頑張ったそうです。

小さなチャンスも逃さずに足を運び、片端からオーディションを受ける日々。なかなか仕事につながらず、つらい毎日が続きましたが、「歌が好き」という気持ちはブレることはなく、彼女の支えとなったそうです。


「人生にブレーキはいらないの。ただ突き進んだわ」

涙ぐみながらこれまでの経緯を話し終え、自分に言い聞かせるようにこう言います。

波乱の多い人生を送り、愛するひとに裏切られるなど、つらい経験を重ねてきた彼女の選ぶ道は、たったひとつしかなかったのです。


先日、久しぶりに公の場でダリアの歌声を聴きました。大勢の前でステージに立つ彼女はとても輝いていました。

とにかく陽気で、気分が乗ればその場で歌い出す彼女です。苦難を乗り越え、人間として成長したぶん、よりいっそう表現力が豊かになっていました。

彼女の目標はモナコのオペラ座で歌うこと。Divaとしてあの会場でお客様を感動させたいと語ってくれます。

「いつか私があのステージに立つときは、ユリエを特等席に招待するわ。だってあなたは私にやり直すチャンスをくれたひとだから」

そんなふうに言ってもらえて嬉しかったのですが、私が直接力になったのは、モナコでひとを紹介してあげたことだけです。でも、それがきっかけで、彼女はモナコで再出発することができたのだと振り返り、何度も感謝の言葉を私にくれました。

私が海外に来て、現地でだれかの力になったのは彼女が初めてかもしれません。

ヨーロッパにいる私は、いつも現地の方々から助けられるばかりで、だれかの力になってあげられるようなことはできていないと思っていたので、彼女の言葉は心に響きました。


夢をあきらめずに前進する彼女は、とても勇敢に見えます。

有名になることは元ボーイフレンドに対する意地もあるかもしれません。でも、ブレーキばかりの人生より、強い想いで何かを成し遂げるために懸命に生きる人生のほうが私は素敵だと思います。

これからも歌一筋で生きていきたいと言うダリア。彼女がモナコのオペラ座でひとびとを魅了する日は、そう遠くはないと思います。

Story 14

「勇気を持てなくなったら、女をやめなさい」

フローレンス　55歳

Si vous n'avez plus de courage,
abandonnez l'idée d'être une femme !

つねに未知の扉を開く勇気を抱いて

スイスのフィニッシングスクールを修了し、パリに移り住んだ頃、最初にできたパリジエンヌの友人がフローレンスでした。彼女はシャネルのトワリストとして、デザイナーが描いたデザイン画をもとに立体裁断をし、服の型紙を作る仕事をしていました。

ジョンの友人で弁護士であるジョン・ルイの彼女として紹介されました。一見おとなしいタイプの彼女が、なぜ遊び人タイプのジョン・ルイとおつきあいをしているのか不思議なほど不釣合いに感じたのですが……。

私の直感は当たってしまいました。ふたりはそのあと数カ月と続かずに別れてしまったのです。ただ、このふたりのおかげで私は最新のクラブやレストランなど、業界人たちが集まるパリのスポットへ連れて行ってもらい、ディープなパリを知ることができたのでした。

「ユリエ、来週シャネルのショーがあるから招待するわ」

パリは華やかなパリコレクションの時期でした。当時の私は、ファッションショーとは関係のない料理の世界で生きていました。パリの料理学校、ル・コルドン・ブルーでフランス料理を学んでいたのです。

強いていえば、ファッションジャーナリストの大内順子さんが『ファッション通信』というテレビ番組で、世界のコレクションを紹介していた、あの世界しか知りませんでした。日本でブラウン管を通じてショーを見ていただけの私が、いきなり世界のトップブランド、シャネルのショーに招かれたわけです。

正直、たじろいでしまいました。シャネルのショーを生で見られるなんて、またとない機会。胸が高鳴ると同時に不安がよぎります。

「シャネルのショーなのだから、シャネルの服を着ていくのが当然」

そう思っていた私は、シャネルを一着も持っていないことにあわてました。

何を着ていこう……。

人は、経験したことのないものに不安や怖れを感じるものです。

でも、だからといって避けてばかりでは、新しい扉は開きません。フランス女性をはじめ、世界中の素敵な女性たちと交流するようになってわかったことは、どんな経験でも自分を成長させてくれる糧になるということ。何より、自分から前に進まなければだれも手を差し出してはくれないということでした。

私は彼女たちにならい、勇気を出してショーに出席することにしました。

当日は、その当時いちばんお気に入りだったジョルジオ・アルマーニのスウェード素材のジャケットとパンツのアンサンブルという、シャネルとは正反対のマスキュランな装いに決めました。

シャネルを着ていないのは私だけかもしれない。周囲のひとたちから変な目で見られないかしら……いろいろ不安がよぎりましたが、ここまで来たのだから、いろいろなものを吸収しなければもったいない、と会場へ向かいました。

会場はルーヴル美術館の地下に位置するカルーゼル・デュ・ルーヴルです。

なかに入って、思わず息をのみました。

雑誌『madame FIGARO』や『ELLE』のページそのままの光景が目の前に広がっています。

圧倒されながらも席につき、改めて周囲を見渡してみると、招待者の服装がさまざまであることに気がつきました。シャネルの顧客であっても、シャネルを身につけて集まるわけではなかったのです。

ステージは、大きくも小さくも感じました。

「シャネルのショー会場にいる」

そう考えただけで、身震いがしてきました。でも、それは不安からではなく、感動で鳥肌いっぱいになったのです。

ここから次期のコレクションが世界に発信されていく――。まさに世界の最先端に初めて立った瞬間でした。これまではオーディエンスとして編集された映像を観ているだけの側から、リアルな現場で360度自分の五感で感じることができる側になったのです。

会場の雰囲気、集まる人々、そしてデザイナー。世界的に活躍する一流のひとたちの仕事に感動するとともに、日本国内の流行しか知らなかった私は大事なことに気づきました。

私がこだわってきたファッションは、世界で通用するスタイルではなく、日本国内だけの非常に狭い、枠の中の限られたファッションだったのです。

会場にいる人々やコレクションを見てわかったのは、ファッションとは自己表現の方法であり、もっと自由に楽しんでいいのだということ。他人の目を気にしすぎて、まわりに同調するなど控えめなファッションが多かった20代の私は、いかに偏っていたか気づかされました。

ショーが終わると楽屋に案内されました。まさに、この瞬間に終わったばかりのショーのバックヤードです。スタッフやモデルたちの集中力、そして大成功を収めた高揚感に満ちている雰囲気に、また鳥肌が立ちました。ショーを終えたばかりのスーパーモデル、クラウディア・シファーやナオミ・キャンベルなどが目の前にいるのです。

ここから世界に発信されていく——。世界の流行発信源を肌で感じた私は、いつか自分も世界の最前列に並ぶような人生を送りたいと思うようになったのでした。

情熱的に遊び、人生を謳歌する

フローレンスのおかげで価値観が変わるほどの経験をすることができたわけですが、彼女から得たものはまだまだあります。

フローレンスの実家はパリから北へ45キロほどのところにあるChantilly（シャンティイ）という、広大な森と優美な城があることで世界的に有名な地域です。

またフランス最古の競馬場として残されているシャンティイ競馬場は、毎年エルメス社が開催する「ディアンヌ・エルメス杯」が行われ、会場は華やかなファッションでにぎわいます。

のちに私は、ディアンヌ・エルメス杯から招待されるようになり、フローレンスとも足を運ぶようになりました。

華やかなフランスの社交界に足を踏み入れ、フランス人たちの美意識や遊ぶためには何も惜しまない、まるで覚悟を決めたかのような楽しみ方は、日本人の価値観とはかけ離れたものでした。

特に、衣装とピクニックにかける情熱といったら！

ディアンヌ・エルメス杯ではエルメス社がこの日のためだけに、「village Hermès（ヴィラージュ エルメス）」という特別会場をつくります。

ここには毎年各国のテーマが設けられ、参加者はそのテーマを意識して、服装、帽子、ピクニックを用意します。クラシックヴィンテージカーに乗って登場するひとや、10人掛けのダイニングテーブルにクロスをかけ、燭台、フラワーアレンジメント、テーブルウェアーを用意してピクニックランチを楽しむひとたちもいました。

その遊びの極め方に、またしても私は驚きました。ピクニックといえば、ビニールシートに、おにぎり、サンドイッチ、唐揚げという遠足感覚のイメージをしていたからです。

まさに大人の遊びであり、仲間たちと楽しい時間を共有するためには労力を惜しまず、わざわざテーブル一式を運び、衣装を用意するのです。

そんなフランス流の遊びにも全情熱を傾け、とことん楽しもうという姿勢に、「何事も中途半端なことほどつまらないものはない。仕事も恋愛も、遊びも、やるからにはとことん楽しみ尽くそう！」

そんなメッセージを受け取りました。


人生を謳歌しよう。

これはフランス人だけでなく、イタリア人やスペイン人にも通じる気質です。

特に好きなことは他人任せではなく、自分が中心になって動くべき。私も彼らにならい、そう心がけています。

ひらめいたら、行動する。これしかありません。

先日も突然ひらめいて、20年ぶりにハワイ島へ行ってきました。

ハワイ島では毎年10月、アイアンマンレースのワールドチャンピオンシップが開かれます。これは超過酷なトライアスロンで、スイム3・8キロ、バイク180キロ、ラン42・195キロを完走します。この大会に私の学生時代の同級生が出場することになり、運動好きな私はいてもたってもいられずに、応援にいこうと行動に移していました。

その場の雰囲気、臨場感、そしてたくさんの感動。同級生とともにその場で同じ時間を共有できたことを、最高に嬉しく思いました。

一生、女でいるために必要な勇気

独自の個性を持つフローレンスは、子猫のようなソフィー・マルソーや、大人の女性な雰囲気を醸し出すカトリーヌ・ドヌーヴといった、私が思い描くパリジェンヌに最も近いイメージの持ち主です。小柄で、金髪、ブルーアイズの彼女は、こよなくパリを愛していました。

親しさが深まった頃、一緒に広島と京都を旅し、私の東京の実家にも滞在することに。フローレンスは両親におみやげを用意してくれていました。

父親にはパリのフォーション本店で購入したコニャック「ヘネシーXO」を。

母親にはシャネル定番のマトラッセチェーンバッグでした。

父がそのコニャックを水割りにして飲み、母はもらったプレゼントを開けることなく、テーブルの隅に置いたままにしていたときのこと。

あとから不思議そうにフローレンスから聞かれました。

「高級コニャックに、どうして氷や水を入れて薄めて飲むの？」

バブル絶頂期だった日本では、ヘネシーを水割りで飲むのはごく普通なことで、フランス人のように食後酒としてブランデーの香りを楽しみながら飲むという、本当の飲み方を知っているひとはまだまだ少なく、ウィスキーと同じように水割りで飲むのが一般的だったと思います。

また、もらったプレゼントをその場で開けるのは失礼な行為にあたるというのが日本的な習慣で、母はそうした配慮から包装紙に包まれたままにしておいたのです。

その様子からフローレンスは「私が選んだプレゼント、気に入ってもらえなかったのかしら？」と心配していました。

フランスでは、もらったプレゼントはその場で開けて、直接喜びを伝えたり、お礼を述べるのが習慣だからです。

フランスの生活に慣れていた私にとっては普通なことでも、日本の常識しか知らない両親にとっては、当然それが非常識な行為だとは知らず、当たり前な行動に過ぎませんでした。いまとなっては文化や習慣の違いは、私にとってとても興味深い分野となり、スクールの授業のプログラムに「日本の常識、海外の非常識」というレッスンを設けるようになったくらいです。

そんな彼女からは、見かけだけにごまかされない、人生のクオリティとこだわりを学びました。

遊び、ファッション、恋愛……フローレンスとはガールズトークをたくさんしてきました。熱しやすく冷めやすい情熱的な彼女は、男性とのおつきあいはなかなか上手くいかなかったようです。

数年会わないうちお互いに子どもができ、それぞれの生活を送っていました。

結婚という形はとらなかったものの、フォトグラファーの彼との間に女の子が生まれたのです。

「勇気を持てなくなったら、女をやめなさい」

現在はシングルマザーとして子育てをし、ファッションの仕事に傾注し、以前よりもさらに強くなった彼女の言葉です。

女だからといって他人に頼る生き方は、女性以前に人間として魅力がない。ときには強く、そしてときには優しくあるべきだ。彼女はそう言います。

何かアクションを起こすときは、勇気が必要です。新しいことを始めようとする気持ち、そして行動する勇気が持てなくなったときは、フローレンスが言うように女をやめるべきです。女をやめて、言葉はきついですが、年老いていけばいいだけ。ひとによっては、そのほうが楽かもしれませんね。

でも、一生〝女〟でいたいと思う気持ちがあるのなら、つねに勇気をもって行動しつづけるべきです。

ひ弱な心ではそうありつづけるのは、不可能です。

私も一生女であるために、強くしなやかな心を携えていたいと思っています。

「歳を重ねるのは怖くない。50代、60代、70代の自分に出会うのがとても楽しみ」

ユリエ　44歳

N'ayez pas peur de vieillir. Faites-vous au contraire un plaisir de rencontrer la personne irrésistible que vous serez à cinquante, soixante, soixante-dix ans, et plus.

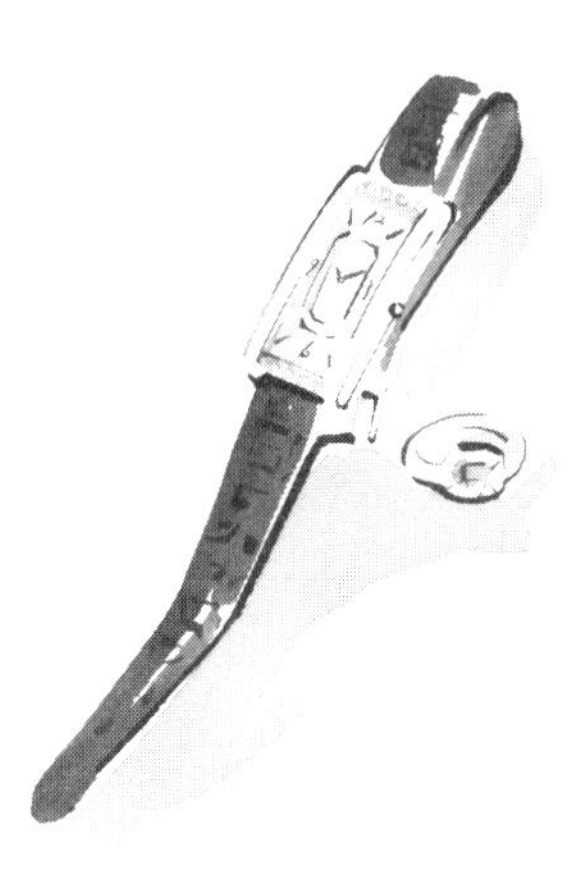

年齢を言い訳にしない

最後は、私自身のストーリーです。

40代になってまもなく、いままでにない体験をしました。

何もしたくない、脱力感、気分が乗らない。そんなウジウジとしたまま、気がつけば一週間ゴロゴロとベッドの上で過ごしていました。

自分でも自分らしく思えず、余計に腹がたち、イライラしていました。もしかしたらこれが「若年性更年期障害」という症状なのかもしれない……。

インターネットや本を読みあさった結果、どうやら書かれている症状に当てはまっているような気がします。

「そうだ、これはきっと若年性の更年期障害なんだ」と自分に言い聞かせ、枠に収めようとしたときに、目が覚めるような出来事が起きたのです。

フローレンスのストーリーでも触れましたが、トライアスロンの最上級レース〝アイアンマンレース〟がニースで開催されるということで、20年以上音信不通だった学生時代の同級生から連絡がありました。

それまでトライアスロンというレースは知っていたものの、それを上回るアイアンマンレースという存在は知りませんでした。

水泳と自転車、フルマラソンの三種で総距離約226・2キロの耐久レース。聞いただけでも気の遠くなるようなレースですが、そのレースに同級生が出場するというのです。


40代半ばを迎えた私のまわりの女性には、大きく分けると2種類の生き方をしているひとがいます。

社会から離れて生活しているタイプと、社会に通じているタイプです。

前者は結婚をして、子育てのために家庭に入り、主婦として毎日を送っている女性。

後者は、未婚、既婚の両方で、仕事を続け社会に繋がりを持ちながら生きている女性。

タイプは違っても、みなさんそれぞれに輝いています。


私自身は後者タイプで、結婚したあとも社会と繋がりを持って生活しています。スクールを主宰している関係から、いろいろな方とお会いすることが多いのですが、この同級生のようなタイプはまったく存在しません。彼女の行動のすべてが、まるで正面からパンチされたように衝撃的でした。

彼女がレースに出場するに当たり、我が家に滞在してもらいました。数日間生活をともにしたのですが、自分とのあまりの違いに驚きの連続でした。

いちばん驚いたのは食事です。耐久レースに出るための準備として、ほぼ炭水化物しか食べません。炭水化物といえば、この年齢になってくると避けるべき食べ物として認識してきましたが、彼女はパン、ご飯、パスタと3食炭水化物しか摂らないのです。

また、朝、昼、夜とトレーニングも欠かしません。彼女の体型は、全体が引き締まったアスリート体型で、バランスの悪いところは見当たらず、ほどよい筋肉が健康的な美しさをつくっています。外見からは40代にはまったく見えません。

さらに普段の食生活の話を聞くと、寝しなにお腹が空いてカツ丼を食べたとか、毎朝起きるとお腹が空いて目が覚めるというのです。

私はかなりの健康オタクではありますが、朝から空腹で目が覚めることは近年ほとんどありません。逆に、前日の食事によっては胃がもたれていることが時折あります。

12歳の息子が起きると「ママ、お腹すいた!」と言ってくる状態と同じだと思いました。

彼女は普段から運動をしているため、40代半ばになっても代謝が高く、寝ている間に消化され、朝は空腹で目が覚めるのだと教えてくれました。


それを聞き、恥ずかしくなりました。

私はなんて大きな間違いを犯そうとしていたのだろうと思ったのです。

40代だから、なんとなく体がだるいから、若年性××症と耳にするから、と、よくいわれる一般論に当てはめようとした自分を恥じました。

実際友人のなかにはそうした症状の人もいて、病院で治療を受けている人もいますが、私は自らそうだと思い込もうとしていたのです。

そうすれば「楽」になれるからです。

しかし同級生の彼女は、同じ学生時代を過ごした仲にもかかわらず、毎日トレーニングに励み、アスリートとして活躍しています。しかも、本人は言いませんでしたが、彼女は日本でエリート選手として、つねに大会で表彰台に立つ存在だったのです。頭が下がる思いでした。

自分は何をしていたのだろうか。一般論に自分を収めておけばそれで楽になれると思っていたなんて……。でも、私が歩みたい人生はそんなものではないはず。

一般論として敷かれたレールの上を歩む人生ではなく、つねに可能性を感じながら、自分の人生を歩みたいのだ。そう思い直しました。

彼女のおかげで、目が覚めました。私にとって大きなチャンスでした。このことに気づかなかったら、自分を正当化し、「しょうがないよね、だってそういう年齢なんだから」と、あきらめた歳のとり方をしていたに違いありません。

人生を楽しむための完璧主義者

私にはふたりの母がいます。フランスと日本の母です。彼女たちを比べたとき、どちらも女性として素敵に年齢を重ねていますが、まったく違ったタイプです。

私はふたりの女性をお手本にしながら、それぞれの素敵な部分を真似していこうと決めました。日本人女性としての奥ゆかしさ、フランス人女性としての強さです。

私は定期的にネイルサロンへ出かけますが、日本のサロンとは少し感覚の違うことに気がつきます。日本とは客層の雰囲気が違うのです。ヨーロッパのサロンには、若いお客さまもいれば、お年寄りも来ています。なかには介護師に付き添われてくるようなおばあさんも来られていています。杖をついて来るひともいるし、男性も来ます。それもおじいさんです。みなさん当たり前のようにネイルサロンに通っています。

日本でネイルサロンが一般的になったのは、ここ10年程だと思いますが、ヨーロッパでは昔からある習慣です。ですから女性の身だしなみとして若いひとたちだけでなく、幅広い年代のお客さまが来るのでしょう。おばあさんが真っ赤なネイルをつけているのは本当に美しく、またそれが女であることを忘れない秘訣なのだろうと思います。

お歳を召して、急に若返る女性などいません。体力、気力が衰えるのですから、老いていくのは自然なことです。しかし歳を重ねてもどれだけ輝きつづけられるか、美しくいられるかというのは、若い頃から美しく生きるための前向きな思考の積み重ねであり、その結果であると思います。

私は40代になって気づいたことがたくさんあります。

この歳を境に、ようやく自分を理解できてくる年代になるのではないかと思います。

数年前からジョギングを習慣にしています。走ることが好きです。

走りながら目標を達成したとき、自分の強さを感じることができます。

振り返ってみると、小学生のとき体育の時間でマラソンがあり、校庭を1~2周しただけですぐに疲れてしまい、何のために走るのかまったく意味がわかりませんでした。あの頃はイヤイヤ走っていたのです。

しかし、いま自分が走る理由はわかります。それは、自分が本来の自分の人生を歩み始めたと感じているからです。

ようやく自分の道を見つけ、好きなこと、やりたいことがわかってくるのが40代なのではないか。そんなふうに感じています。

人生80年といわれる時代、折り返し地点に立って感じられることがたくさんあります。10代は親に与えられた人生。20代はよちよちひとり歩きの人生。30代は少しずつ社会に慣れ、結婚や出産も体験するでしょう。それらを経て、40代からがやっと自分というものを見つけられる年齢になるのだと思います。

プロローグで書いたように、私は歳をとるのが嫌だと思っていました。しわやシミが増え、体型も崩れて、体力も落ちて老いていくだけだと……。

でもいまはまったくそんな考えはありません。それよりも50代、60代、70代の自分に出会うのがとても楽しみだと感じられるようになりました。

価値観が大きく変わったのは、すべて私の周囲にいる、素敵な先輩マダムたちから人生の楽しみ方を学んだからです。

私は自分の人生においては厳しく、他人から見たら完璧主義に見えるかもしれません。私が出会った素敵なマダムたちも人生の完璧主義者です。人生を楽しむために完璧を求める人たちなのです。彼女たちは当たり前のようにそうしています。だから、私も完璧を追求することは当然だと思っています。

女性として生まれてきた限り、もっと素敵になりたいと思いつづけ、もっと人生を謳歌し、女であることを楽しみたい。

可能を不可能にするのも、不可能を可能にするのも、すべて自分次第なのです。

欲しいものをすべて手に入れるには

いま私は地中海に浮かぶクルーザーの上で、この原稿を書いています。

そう言ったとき、

「わぁ素敵、ゴージャスでいいなぁ」と思う人がいます。

「波に揺られて船酔いとかするしたら最悪だわ」と思う人もいるかもしれません。

ひとの思いはさまざまです。

同じ出来事をどのように受け止めて、どう理解するか、それが考え方の大きな分かれ道になるわけです。

私の尊敬する日本人女性に、世界で活躍された大屋政子さんがいらっしゃいます。仕事で一緒になり、大屋さんが所有されていたパリのシャトーにお招きを受け、ゴルフもご一緒させていただきました。

日本では風変わりなマダムとして映っていたようですが、ヨーロッパでは〝マダムローズ〟と称され、とても有名で、ボランティアや芸術活動に力を注いでいらっしゃいました。

また、友人の誘いでデヴィ・スカルノ夫人主催のクリスマスパーティーに出席したときのことです。ゲスト全員に向けられた繊細な気遣いには驚きました。インドネシア元大統領夫人として、このような振る舞いをされることに感銘を受けました。

おふたりとも海外では名声が高くいらっしゃるのに、日本ではタレントとしてバラエティ番組に出演され、過去を知らない世代の方々にはどのように映っているのか少し心配です。このような誇らしい日本人女性は、なかなか存在しないと思います。

いままでの日本女性は、ひとつのことに専念した生き方が主流だったかもしれませんが、これからは、美貌、知的さ、パワフルさ、行動力などすべてを兼ね備えたスーパーウーマンたちが続々誕生していくことでしょう。

結婚、仕事、出産、子育て、家庭……。自分の選択次第で、すべてを手に入れることができる時代です。現に私も実行しています。

ひと昔前の女性の幸せは、結婚をして、子どもを育て、よい家庭を築くことでした。しかし、いまは自分次第で何でも手に入れることができる時代に変わりました。

みなさんには、これまでに紹介してきた先輩マダム、同年代マダム、マダム予備軍たちの生き方を参考にして、大いに女であることを楽しみ、次に続いていっていただきたいと思っています。

最後に、私の人生のモットーをみなさんに贈ります。

「自分次第で、すべて手に入る」

エピローグ

「私は私」。自由に生きる

「私、50歳からがスゴイからね！」

そう友人や生徒たちに言っています。

私の40代は、現在12歳の息子が中心の生活です。30代に比べて仕事量を十分の一程度に減らし、家族で過ごす時間を優先しています。

50歳になる頃、息子は20歳を迎えます。大人の第一歩を踏み出しているであろう彼を、一歩離れた距離で見守ろうと思っています。

ただし、この40代が決してキャリア的に停滞しているとは考えていません。家族の健康を見守り、息子の成長を見届けながら、いましかできないことを精一杯やっているからです。

私は今年、45歳を迎えます。

先日、マラソンのコーチの言葉を聞きながら目の覚める思いをしました。

「マラソンはたくさんの女性がやっているけど、トライアスロンはなかなかいないよね。バランスのとれた競技だから絶対こっちのほうがいいのに。それに断然カッコイイよね！」

この言葉にひらめきました。


私は45歳からアスリートとして、トライアスロンデビューをします!!

遅い？　そんなはずはありません。すべて考え方次第です。

日本の常識的な範囲で考えたら、ほとんどの人はやめたほうがいいと言うでしょう。

また、私の肩書は「国際マナー研究家」です。マナーの先生がアスリートになるなんて、あり得ないと思われるかもしれません。

でも、外国の友人たちに話すと、全員が「素晴らしい！」と応援してくれます。

以前から学んでいた料理の分野でも、新たな活動を始めました。

昨年からスタートした「南仏料理教室」のレッスンが大好評で、次は「南仏料理研究家」として、文化や料理を紹介する本を出版しようと準備を始めています。私のやりたいことは、年齢とともに日々増えていくばかりです。

最近、日本人を見かけると「ＫＡＷＡＩＩ」という言葉を投げかけているフランス人を目にします。

それを見るたびに、私はあまりよい気がしません。偏見かもしれませんが、ポジティブな言葉ではなく、どこかで私たちを笑っているようなニュアンスに感じてしまうからです。

観光で来たほとんどの日本人女性は、ラデュレのマカロンを見て、エッフェル塔を見て、マダムが連れている子犬を見て、「カワイイ～♡」と黄色い声をあげているのです。使ってはいけない言葉というわけではありませんが、「カワイイ」ですべてを表現してしまう表現力が貧しいと思います。

言葉はその人自身を表します。もっと表現を豊富にし、もっと幅の広い人生を歩みませんか？

プロローグでも述べたように、女性の年齢はダイヤモンドと同じです。年齢を重ねるごとに輝きを増す……。でも、自分で自分を磨かなければ、光はくすんでしまいます。頭を使って、ボキャブラリーを増やしてこそ、女性としての魅力が増していくのです。

人生、いつも楽しくありたい思っています。みなさんにも人生の楽しみをもっと広げてもらうために、フランスのマダムたちの言葉から、彼女たちの生き方を紹介してきました。

私にとって「楽しむ」ということは、決して楽なことばかりではありません。知的に、愉快に、美しくありたいと思っています。

自分の人生だからしっかり責任を持って楽しむべき。これもすべてマダムたちから教えてもらったことです。

私が70代になる頃の日本は、いまヨーロッパで華やかに咲きつづけているマダムたちのような日本人女性で溢れることでしょう。

周囲の人たちが「おばあちゃん」などと呼ぶのが恥ずかしくなるような、華麗な女性たちでいっぱいになると想像しています。

人の思考や行動は、すぐに結果が出るものではありません。10年、20年、30年先の自分のために、いまから意識することで、あなたはすでに女を楽しむ人生を手に入れたのも同然なのです。

「French in Style」
マダムたちの言葉、そして生き方を上手に取り入れて、自分だけのMy Styleをつくっていきましょう。

2014年12月　モナコ公国にて

畑中　由利江

畑中 由利江　Yurie Hatanaka

モナコ公国に活動拠点をおく国際マナー研究家。2003年、日本人女性にプロトコールマナーを伝えるスクール「エコール ド プロトコール モナコ」を設立。スタートから13年が経過する現在も「予約の取れないレッスン」として人気。また、日本とモナコを行き来するなかで、出会ったフランスマダムたちの自由で媚びず、それでいてセクシーな歳の重ね方に関心をもつように。彼女たちの発する強く凛とした言葉の数々から、女性がいつまでも美しく輝く秘訣を提案している。

また、日本と欧州の文化交流や慈善活動に力を注ぎ、2014年モンテネグロ・マケドニア王家よりDame（デイム）、並びにComtesse（伯爵夫人）の称号を叙任する。モナコ公国アルベール大公が顧問総裁を努める国連加盟慈善団体 Amitié Sans Frontières - Internationale（国境なき友好団）の日本支部代表理事。

著書に『美オーラ』（幻冬舎）、『上質美人になる「気品」の教科書』（大和出版）、『舞踏会に行きたくなったら』（青春出版社）など。

エコール ド プロトコール モナコ
http://www.protocole.jp/

編集／山田真由美
校正／円水社
装丁／ME&MIRACO（塚田佳奈）
装画／永宮陽子

French in Style

フランスマダムから学んだ最上級の女になる秘訣

2015年2月23日　初版発行

著者　畑中由利江
発行者　小林圭太
発行所　株式会社CCCメディアハウス
〒153-8541　東京都目黒区目黒1丁目24番12号
電話　03-5436-5721（販売）
03-5436-5735（編集）
http://books.cccmh.co.jp/
印刷・製本豊国印刷株式会社

Printed in Japan
ISBN978-4-484-15202-8